MARCO POLO

Thüringen

Reisen mit Insider Tipps

Diesen Führer schrieb Bernd Wurlitzer. Der freie Journalist kennt Thüringen seit seiner Kindheit. Er ist Autor zahlreicher Bücher und gilt als hervorragender Kenner der neuen Bundesländer.

marcopolo.de

Die aktuellsten Insider-Tipps finden Sie unter www.marcopolo.de, siehe auch Seite 110

MAIRS GEOGRAPHISCHER VERLAG

SYMBOLE

Insider Tipp **MARCO POLO INSIDER-TIPPS:**
Von unserem Autor für Sie entdeckt

★ **MARCO POLO HIGHLIGHTS:**
Alles, was Sie in Thüringen kennen sollten

HIER HABEN SIE EINE SCHÖNE AUSSICHT

WO SIE JUNGE LEUTE TREFFEN

PREISKATEGORIEN

Hotels

€€€	über 90 Euro
€€	60–90 Euro
€	unter 60 Euro

Die Preise gelten für zwei Personen im Doppelzimmer (Dusche/WC und Frühstück) in der Hochsaison.

Restaurants

€€€	über 15 Euro
€€	10–15 Euro
€	unter 10 Euro

Die Preise beziehen sich auf ein Hauptgericht ohne Vor- und Nachspeise und ohne Getränke.

KARTEN

[116 A1] Seitenzahlen und Koordinaten für den Reiseatlas Thüringen

[U A1] Koordinaten für die Karten Erfurt und Weimar im hinteren Umschlag

[O] außerhalb des Kartenausschnitts

Zu Ihrer Orientierung sind auch die Orte mit Koordinaten versehen, die nicht im Reiseatlas eingetragen sind.

GUT ZU WISSEN

Thüringer Spezialitäten **20** · Thüringen literarisch **42** · Luthers Tintenfleck **51** · Rutschpartie auf Kunststoffreifen **71** · Goldschürfer **92**

INHALT

Die wichtigsten MARCO POLO Highlights

Sehenswürdigkeiten, Orte und Erlebnisse, die Sie nicht verpassen sollten

1 **Zwiebelmarkt Weimar**
Beliebtes Volksfest mit kunstvoll geflochtenen Zwiebelzöpfen, Markttreiben, Theater und Musik (Seite 25)

2 **Mühlhausen**
Mittelalterliches Flair verbreiten 400 denkmalgeschützte Bauwerke (Seite 27)

3 **Bad Frankenhausen**
3000 Personen sind auf dem Riesengemälde im »Elefantenklo« zu sehen (Seite 32)

4 **Kyffhäuser-Gebirge**
Der Aufstieg über 232 Stufen im Kaiser-Wilhelm-Nationaldenkmal wird bei schönem Wetter mit einem phantastischen Blick belohnt (Seite 33)

5 **Schmalspurbahn**
Mit Dampf und Pfeifen wie schon 1899 von Nordhausen durch Wiesen, Felder und Wald zuckeln (Seite 33)

6 **Domberg**
Dom und Severikirche in Erfurt gehören zu den beeindruckendsten Architekturschöpfungen des Mittelalters (Seite 36)

Eiserner Drache im ersten Hof der Wartburg

Dom und Severikirche in Erfurt

Weimars berühmter Zwiebelmarkt

7 Ega Cyriaksburg
Attraktives Ausstellungs-, Kultur- und Freizeitzentrum in Erfurt mit Zehntausenden von Blumen in 6000 m^2 Erde (Seite 37)

8 Puppenstadt Mon plaisir
250 Jahre alte kulturhistorische Kostbarkeit in Arnstadt mit etwa 400 Wachsfiguren (Seite 39)

9 Goethe-Nationalmuseum
Seit fast 200 Jahren Wallfahrtsort in Weimar (Seite 44)

10 Wartburg
Deutschlands berühmteste Burg mit der Lutherstube und umfangreichen Kunstschätzen in Eisenach (Seite 49)

11 Oberhofer Sportanlagen
Trainingsstätte von Olympiasiegern und Weltmeistern im Biathlon, Skispringen und Rodeln (Seite 56)

12 Erlebnisbergwerk Merkers
Nahe Bad Salzungen geht es 500 m unter der Erde im Jeep 20 km durch Stollen zur Salzkristallgrotte (Seite 67)

13 Zeiss-Planetarium
Das älteste »Sternentheater« der Welt in Jena verfügt über die modernste Technik unserer Tage (Seite 82)

14 Feengrotten
Eine unterirdische farbenprächtige Märchenwelt in Saalfeld (Seite 88)

15 Bleilochtalsperre
Deutschlands größter Stausee, ein Eldorado für Wassersportler (Seite 90)

★ *Die Highlights sind in der Karte auf dem hinteren Umschlag eingetragen*

Entdecken Sie Thüringen!

Im grünen Herzen Deutschlands durch dunkle Wälder, liebliche Flusstäler und über blühende Bergwiesen zu den Stätten großer Geister

Nürnberger Erker in der Wartburg

»Die Gegend ist herrlich, herrlich«, schrieb Johann Wolfgang von Goethe aus dem thüringischen Ilmenau; Jahre später meinte er zu seinem Sekretär Eckermann: »Wo finden Sie auf einem so engen Fleck noch so viel Gutes?« Thüringen: Das sind dicht bewaldete Höhen, idyllische Täler, sanft geschwungene Höhenzüge und stille Dörfer, das sind Städte mit Sehenswürdigkeiten von europäischem Rang wie Erfurt, Mühlhausen, Eisenach und Weimar, das sich 1999 mit dem renommierten Titel »Kulturstadt Europas« schmücken durfte. Zu Thüringen, der bedeutenden Kulturlandschaft, gehören auch große Namen, denen der Reisende vielerorts begegnet. Denn Thüringen war Prominenten immer ein guter Ort zum Arbeiten und zum Leben, Martin Luther ebenso wie Johann Sebastian Bach, Franz Liszt und Max Reger, den Philosophen Georg Wilhelm Friedrich Hegel, Johann Gottlieb Fichte und Friedrich Wilhelm Nietzsche wie den Architekten Walter Gropius und Henry van de Velde. Allen voran jedoch Johann Wolfgang von Goethe und Friedrich von Schiller, Deutschlands Dichterfürsten. Die 300 km lange »Klassikerstraße Thüringen« verbindet alle die vielen Orte, in denen das Erbe jener Epoche bewahrt wird, in der Thüringen das Zentrum deutscher Kultur- und Geistesgeschichte war.

Wohn- und Wehrstätte: hoch über der Saale thront Schloss Burgk

»Das grüne Herz Deutschlands« wird Thüringen genannt. In der Tat: Seit der Einheit liegt es wieder in der Mitte Deutschlands – und mit dem Thüringer Wald und dem Thüringer Schiefergebirge (zusammen als Thüringer Gebirge bezeichnet) kann es eine Menge Grün vorweisen. Doch mit dem, was die Natur ihnen geschenkt hat, waren die Thüringer nicht so recht zufrieden. Mit Seen beispielsweise wurden sie arg vernachlässigt. Hier halfen

Geschichtstabelle

um 400 Herausbildung des Thüringer Reiches

1080 Erstmalige Erwähnung der Wartburg

1131 Ludwig I. aus dem Geschlecht der Ludowinger wird zum Landgrafen von Thüringen ernannt

1247 Die Ludowinger sterben aus, nach einem Erbfolgekrieg gelangt Thüringen an die Wettiner Markgrafen von Meißen

1525 Entscheidungsschlacht im deutschen Bauernkrieg bei Frankenhausen

1547 Die Ernestiner verlieren Kursachsen und verlegen ihren Herrschaftssitz nach Weimar

1572 Fortsetzung der Kleinstaaterei, die Herzogtümer Sachsen-Weimar, Sachsen-Coburg und Sachsen-Eisenach entstehen

1775 Carl August übernimmt die Regierungsgeschäfte von Sachsen-Weimar, Goethe ist bereits Minister in Weimar

1803 Als Folge des Friedens von Lunéville erhält Preußen Erfurt, das Eichsfeld und Mühlhausen

1817 Wartburgfest der Studenten für die Einheit Deutschlands

1918 Die thüringischen Regenten danken ab

1919 Tagung der Nationalversammlung in Weimar, Annahme der Weimarer Verfassung

1920 Acht Thüringer Kleinstaaten vereinen sich zum Freistaat Thüringen. Sachsen-Coburg schließt sich nach einer Volksabstimmung Bayern an

1937 Die Nazis errichten mit dem KZ Buchenwald eines ihrer größten Vernichtungslager

1952 Auflösung des Landes Thüringen durch die DDR-Behörden, Bildung der Bezirke Erfurt, Suhl, Gera. Altenburg gelangt zum sächsischen Bezirk Leipzig

1990 Die DDR tritt der Bundesrepublik Deutschland bei, das Land Thüringen (seit 1994 Freistaat) entsteht wieder

1998 Das Goethehaus in Weimar und weitere zehn Objekte des »klassischen Weimar« werden von der Unesco zum Weltkulturerbe erklärt. Die Weimarer Bauhausstätten sind es bereits seit 1996

1999 Weimar ist im Jahr von Goethes 250. Geburtstag Kulturstadt Europas. Die Wartburg wird von der Unesco zum Welterbe erklärt

2002 Bei den Olympischen Winterspielen in Salt Lake City gewinnen Sportler aus Thüringen 15 der insgesamt 35 deutschen Medaillen

die Menschen nach und stauten das Wasser von Flüssen und Bächen. So entstand das »Thüringer Meer« mit der Bleilochtalsperre, dem größten künstlichen Gewässer Deutschlands, und dem Hohenwarte-Stausee, der an dritter Stelle rangiert. Diese Landschaft im Südwesten Thüringens wird oft mit Norwegens Fjorden verglichen. Um diese Landschaften zu erhalten, entstanden großräumige Schutzgebiete, die beiden Biosphärenreservate Rhön und Vessertal, die Naturparks Eichsfeld-Hainich-Werratal, Kyffhäuser, Thüringer Wald, Thüringer Schiefergebirge/Obere Saale und der Nationalpark Hainich.

»16 000 km ausgeschilderte Wanderwege«

Auf dem Gebirgskamm des Thüringer Waldes verläuft der mit einem weißen »R« ausgeschilderte Rennsteig, der wohl bekannteste und traditionsreichste Wanderweg Deutschlands. Der Suhler Volksliederkomponist Herbert Roth hat mit seinem zur heimlichen Hymne des Landes avancierten Lied »Ich wand're ja so gerne am Rennsteig durch das Land« viel zur Popularität dieses 168 km langen Wanderweges beigetragen. Insgesamt gibt es in Thüringen 16 000 km ausgeschilderte Wanderwege; im Winter warten gespurte Loipen, weiße Pisten und lange Rodelbahnen. Ein Zentrum des Wintersports in Deutschland ist Oberhof, aus dem viele Olympiasieger und Weltmeister im Skispringen und Rennschlittensport kommen. Der nächste große Ter-

Schroffe Hänge und malerische Buchten; die Landschaft der Hohenwarte-Talsperre erinnert an die der norwegischen Fjorde

min hier: Die Biathlonweltmeisterschaften 2004.

In Thüringen wurde in den vergangenen Jahren mancher Staub weggewischt, der sich vor allem zu DDR-Zeiten auf das Land gelegt hatte. Vielfältig sind heute die Möglichkeiten für aktive Betätigung. Auf den Seen wird gerudert, gepaddelt und gesurft, die zahlreichen Erlebnisbäder machen mit originellen Einfällen auf sich aufmerksam. Nachtschwimmen gibt es ebenso wie Beach-Partys. Es wird Tennis und Golf gespielt, gekegelt und die Bowlingkugel gerollt. Man trifft sich zum Squash, Badminton und Reiten, im Winter bereitet Snow-Tubing Gaudi und im Sommer Goldwaschen, Rafting und Flößen. Der prall gefüllte Veranstaltungskalender bietet Jung und Alt viel. In Jena, Ilmenau und Weimar prägen Tausende von Studenten das Stadtbild. Das junge Volk veranstaltet Workcamps und Performances, lädt zu Feten und hat viele Kneipen in Besitz genommen.

»Mehr als 400 Schlösser und Burgen«

Mit »Thüringen sagenhaft« werben die Touristiker, denn der Freistaat ist auch das Land der Burgen und Schlösser. Besonders das Saaletal hat viele davon zu bieten. Mehr als 400 Schlösser und Burgen insgesamt sollen es sein. An erster Stelle rangiert unbestritten die Wartburg bei Eisenach, Deutschlands Nationaldenkmal, das seit 1999 als Welterbe auf der Liste der Unesco steht. Wie kein anderes Bauwerk ist die Wartburg mit unzähligen Legenden und historischen Ereignissen neunhundertjähriger deutscher Geschichte verbunden. Beachtlich sind die Schätze, die sich hinter den dicken Mauern von Burgen und Schlössern verbergen, beliebt die Konzerte in mittelalterlichen Räumen und die Museumsnächte mit viel Kunst und Klamauk. In Erfurt geht es mit Pechfackeln durch die schmalen Gänge der Zitadelle. Wie im Mittelalter fährt ein Planwagen von Friedrichroda zur Wartburg und zur Creuzburg.

Thüringen war vom 16. bis ins 18. Jh. hinein das klassische Beispiel deutscher Kleinstaaterei, es sah auf der Landkarte wie ein Flickenteppich aus. Das hatte aber auch seinen Vorteil, denn die Fürsten, die keine politische Macht erlangen konnten, entwickelten das, was wir heute als Standortwettbewerb bezeichnen. Jeder von ihnen wollte im Kulturleben besonders glänzen, was zu dem Kunst- und Kulturreichtum führte, mit dem Thüringen heute aufwarten kann. Dem überaus kunstverständigen und weltoffenen Regenten Carl August gelang es, Weimar zur Hauptstadt der deutschen Klassik zu machen. Die Plätze und Straßen Weimars atmen noch heute den Geist jener Zeit, als hier, im ausgehenden 18. Jh., vier große Denker zu Hause waren: Goethe und Schiller, Christoph Martin Wieland und Johann Gottfried Herder. Ihre Wohn- und Wirkungsorte sind seit Jahrzehnten wahre Pilgerstätten, was ganz im Sinne Goethes sein dürfte. Der hatte für sein Haus am Frauenplan bestimmt: »Warum stehen Sie davor?/Ist nicht Türe da und Tor?/Kommen Sie getrost herein/Würden wohl empfangen sein.« Weimar war aber auch Schauplatz deutscher Politik. Am

In Erfurts Innenstadt harmoniert modernes Design mit alten Fassaden

11. August 1919 gab sich im dortigen Nationaltheater das deutsche Volk die Weimarer Verfassung. Und noch einmal machte Weimar Geschichte, die jedoch zu den dunklen Kapiteln Deutschlands gehört. Auf dem nahen Ettersberg bauten die Nationalsozialisten das Konzentrationslager Buchenwald, in das sie etwa 250 000 Menschen verschleppten, von denen über 50 000 ums Leben kamen.

» *Die Wiege des beliebten Skatspiels* «

Bei Umfragen, was von Thüringen bekannt ist, rangieren die Thüringer Bratwürste und die Thüringer Klöße auf den vordersten Plätzen. Doch es gibt noch viel mehr, was überregionale Bedeutung erlangt hat. Die meisten Gäste erfahren erst in den Thüringer Museen davon: In Lauscha entstanden um 1835 die ersten künstlichen Menschenaugen aus Glas in Deutschland, in Apolda wurde 1923 die mit 24 t größte frei schwingende Glocke der Welt gegossen (für den Dom in Köln), eine Ohrdrufer Holzspielwarenfabrik stellte 1865 das erste Schaukelpferd her. Die Instrumente des Carl-Zeiss-Werkes in Jena und das feuerfeste »Jenaer Glas« erlangten Weltruf, wie auch Suhler Jagd- und Sportwaffen. Thüringen ist aber auch die Wiege des beliebten Skatspiels. Skatspieler aus aller Herren Länder lassen ihre Streitigkeiten in Altenburg vom Internationalen Skatgericht schlichten.

Thüringen ist längst nicht mehr nur das Wanderparadies und auch nicht mehr nur das Land von Goethe und Schiller. Thüringen hat sich touristisch gemausert, das Land im Herzen Deutschlands wurde zu einer beliebten Urlaubsregion, in der es viel zu entdecken gibt.

DEM DICHTERPAAR
GOETHE UND SCHILLER
DAS VATERLAND.

Dichterfürsten und altes Handwerk

Goethe und Schiller gehören ebenso zu Thüringen wie die Maskenmacher und die Tanzlinden

Bach, Johann Sebastian (1685–1750)

Ludwig van Beethoven urteilte begeistert über den in Eisenach geborenen Musiker: »Nicht Bach, sondern Meer sollte er heißen wegen seines unendlichen, unausschöpflichen Reichtums von Tonkombinationen und Harmonien.« Der berühmte Tonschöpfer stammte aus einer traditionsreichen Musikerfamilie, die in Thüringen ihren bevorzugten Lebensraum hatte. Bach komponierte Orgel- und Klaviermusik sowie Kantaten, Oratorien und Orchesterwerke. Mit den Bachwochen im Frühling und mehreren Gedenkstätten in Eisenach und Arnstadt wird Johann Sebastian Bach geehrt.

Fauna und Flora

Rothirsch, Reh und Wildschwein sind sehr verbreitet, auch das aus Korsika angesiedelte Mufflon und die Wildkatze kommen vor. Das Röhren der Hirsche kann man im Herbst oft weithin hören. Das Eichhörnchen ist überall anzutreffen. Der Auerhahn, früher ein typischer Vogel im Thüringer Wald, balzt nur noch selten. Der in der Brutzeit äußerst scheue Tannenhäher kann vereinzelt in stillen Wäldern beobachtet werden. Weitaus häufiger ist der Eichelhäher zu sehen, der Mäusebussard nistet auf hohen Bäumen. Der Fischreiher kommt im Bereich der Saaletalsperren und im Teichgebiet von Plothen vor. Von dem vom Aussterben bedrohten Schwarzstorch brüten etwa 20 Paare in Thüringen. In den Gebirgsbächen schwimmen Bachforellen.

Die heute weit verbreitete Fichte gab es einst nur auf den Kammlagen des Thüringer Waldes und des Thüringer Schiefergebirges. Der natürliche Mischwald bestand aus Rotbuche, Bergahorn, Tanne und Fichte. Eine Seltenheit stellt inzwischen die Tanne dar, die noch im Biosphärenreservat Vessertal wächst. Die Eibe hat anschauliche Bestände im Südwesten des Landes. Mit etwa 1500 Pflanzenarten gehört Thüringen zu den botanisch vielseitigsten Landschaften Deutschlands. Pilz- und Beerensammler schwärmen von reicher Ernte.

Wissenswertes über die Fauna und Flora Thüringens vermitteln das Naturhistorische Museum Schloss Bertholdsburg in Schleusin-

Das Goethe-Schiller-Denkmal vor dem Deutschen Nationaltheater ist das Wahrzeichen Weimars gen, das Museum der Natur in Gotha, das Naturkundemuseum Mauritianum in Altenburg, das Museum für Naturkunde in Gera sowie das Naturkundemuseum in Erfurt.

Goethe, Johann Wolfgang von (1749–1832)

Museale Gedenkstätten, die an den Dichter von Weltrang erinnern, gibt es in Thüringen in Weimar, Dornburg, Großkochberg, Jena, Ilmenau und Stützerbach. Goethe war nicht nur Dichter, sondern auch Staatsmann, Naturwissenschaftler, Philosoph und bildender Künstler. 1775 kam er nach Weimar und blieb dort bis zu seinem Tode. Kluge Leute haben errechnet, dass er in Thüringen mehr als 150 Orte durchstreifte, 38 000 km soll er dabei auf dem Pferd oder in der Kutsche zurückgelegt haben. Mit 27 Jahren hatte Herzog Carl August Goethe zum Leiter der Bergwerkskommission ernannt, die die »ersoffenen« Erzgruben in der Umgebung Ilmenaus wieder nutzbar machen sollte, um den Menschen der Region Arbeit und Brot zu bringen. Allein Ilmenau besuchte Goethe achtundzwandzigmal. Er bereitete der Korruption in den Behörden ein Ende und führte gerechtere Steuerabgaben ein.

Griffelmacher

Schiefertafeln und Griffel waren vom 17. bis zum 20. Jh. die meistgebrauchten Schreibutensilien der Schüler. Unzählige Menschen in aller Welt lernten mit Schiefergriffeln aus Thüringen schreiben. Hergestellt wurden die Griffel in Steinach. Ihre größte Lieferung von 30 Mio. Stück schickten die Steinacher am 31. Oktober 1931 auf die weite Reise nach Indonesien. Insgesamt verließen etwa 30 Milliarden Schiefergriffel Ostthüringen. Nach dem Zweiten Weltkrieg war das Steinacher Erzeugnis nochmals gefragt. Die letzten Schiefergriffel entstanden 1968, geliefert wurden sie nach Ceylon (heute Sri Lanka).

Über die Arbeit und das Leben der Griffelmacher informieren das Museum für Thüringer Volkskunde in Erfurt und das Schiefermuseum in Steinach.

Heilbäder

Heil- und Mineralquellen sprudeln in Thüringen reichlich. Um die Bedeutenden entstanden Kurorte, denen nicht selten Goethe zu Ruhm verhalf. So kurte der Dichterfürst 1816 im kleinen Bad Tennstedt sieben Wochen lang in »schöner Wohnung« bei »artigen Leuten«. In Sulza empfahl Goethe, die Salzquelle für Heilzwecke zu nutzen. Sein Rat wird noch heute befolgt. Wenige Monate nachdem Weimars Herzog Carl August das Bad in Berka eröffnet hatte, kam Goethe mit seiner Frau Christiane zur Kur angereist. Ältestes Thüringer Heilbad ist Liebenstein. Der Meininger Arzt Dr. John schrieb 1791 seinem Herzog Georg I.: »Kein Wiesbaden, Schwalbach oder Ems war der Kur so viel wert als Liebenstein.« Der Herzog ließ daraufhin den Ort zum Bad ausbauen.

Luther, Martin (1483–1546)

Der Begründer des Protestantismus ist eng mit Thüringen verbunden: 1498 bis 1501 verbrachte Luther einen Teil seiner Schulzeit in Eisenach, 1505 bis 1511 war er Mönch im Erfurter Augustinerkloster, 1521/22 weilte er auf der Wartburg und übersetzte in nur zehn Wochen das Neue Testament aus dem Griechischen in eine auch dem einfachen deutschen Volk verständliche Sprache. Von Luther stammen u. a. die bekannten Kirchenlieder »Ein feste Burg ist unser Gott« und »Vom Himmel hoch, da komm ich her«.

Maskenmacher

Harlekin und Kasperle, Generäle und Polizisten, Landstreicher und Trottel verließen Ende des 19. Jhs. vorwiegend die Thüringer Maskenmacherwerkstätten. US-amerikanische Warenhauskonzerne hingegen bestellten Kürbiskopf, Glotzauge und Tod, oft zehntausende von einem Modell. Die gewerbliche Maskenproduktion begann als Nebenbeschäftigung der Puppenmacher, deshalb bildete sich als ihr Zentrum nicht die Karnevalshochburg Rheinland heraus, sondern Thüringen mit seiner Puppenproduktion. Der Sonneberger Maskenfabrikant Julius Bähring, der auf der Weltausstellung 1900 in Paris einen Grand Prix erhielt, stellte laut Katalog über 200 verschiedene Masken her. Die letzte historische Maskenmacherwerkstatt kam aus Ohrdruf ins Museum für Thüringer Volkskunde Erfurt, in ihr hatte Wilhelm Schäfer als letzter Maskenmacher bis 1979 gearbeitet.

Olitätenhandel

In Oberweißbach gibt es einen Kräuterlehrpfad, laden Kräuterfrau und Buckelapotheker zu Seminaren ein, und im Museum ist ein so genanntes Olitätenstübchen (Oleum = lat. das Öl) vorhanden. Vor allem im 16. und 17. Jh. blühte das Laborantengewerbe, das besonders im Schwarzburger Oberland zu Hause war. Wild wachsende Kräuter, Heilpflanzen, Beeren, Wurzeln sowie Baumrinden und Tannenzapfen bildeten den Rohstoff für Öle, Pillen und Tinkturen der Laboranten. Ver-

Martin Luthers Mönchszelle im Erfurter Augustinerkloster

Schillers Haus in Weimar: Der Dichter wohnte in Goethes Nähe

trieben wurden die Naturmittel gegen allerlei Krankheiten durch die Olitätenhändler, die der Volksmund Buckelapotheker nannte, weil sie mit einem Ranzen auf dem Rücken durch das Land zogen.

Richter ohne Roben

2002 nahm in Altenburg das Internationale Skatgericht seine Arbeit auf, das sich aus neun Mitgliedern zusammensetzt. Die Richter ohne Roben entscheiden in Streitfragen und wachen darüber, dass an den Stammtischen der Welt beim Skat alles mit rechten Dingen zugeht. Sie sind die höchste Instanz in allen Regelfragen. Gegründet wurde das Skatgericht vom Weltskatverband International Skat Players Association und dem Deutschen Skatverband, die nach jahrelanger gegenseitiger Ignoranz schließlich ihre Regelwerke aufeinander abgestimmt haben.

Die Skatrichter werden etwa viermal im Jahr zusammenkommen. In der Vergangenheit gab es jährlich etwa 350 Anfragen an das alte Altenburger Skatgericht. Dem Skatspiel haben sich weltweit schätzungsweise rund 30 Mio. Menschen verschrieben.

Schiller, Friedrich von (1759–1805)

Von 1799 bis zu seinem Tode lebte Friedrich von Schiller in Weimar, zuvor war er in Jena als Professor tätig. Schiller, neben Goethe Deutschlands größter Dichter und Repräsentant der klassischen deutschen Nationalliteratur, wird in Weimar, Jena und Bauerbach museal geehrt. Goethe hat uns Angaben über die Arbeitsweise seines großen Kollegen hinterlassen: »Schiller stellte sich die Aufgabe, den ›Tell‹ zu schreiben. Er fing damit an, alle Wände seines Zimmers mit so viel Spezialkarten der Schweiz zu bekleben, als er auftreiben konnte. Nun las er Schweizer Reisebeschreibungen, bis er mit Weg und Stegen des Schauplatzes des Schweizer Aufstandes auf das Genaueste bekannt war. Dabei studierte er die Geschichte der Schweiz; und nachdem er alles Material zusammengebracht hatte, setzte er sich über die Arbeit, und buchstäblich genommen, stand er nicht eher vom Platze auf, bis der ›Tell‹ fertig war. Überfiel ihn die Müdigkeit, so legte er den Kopf auf den Arm und schlief.«

Schlittenhunderennen
Ein Hauch von Alaska begegnet dem Gast in vielen Thüringer Orten, wenn Schlittenhunderennen stattfinden. In Neuhaus am Rennweg beispielsweise werden jährlich zwei internationale Schlittenhunderennen veranstaltet. Die Anfangsgeschwindigkeit der Gespanne beträgt bis zu 40 km/h. Höhepunkt ist die jährlich stattfindende Trans Thüringia, das mittlerweile längste reinrassige Schlittenhunderennen Mitteleuropas. In neun Etappen bewältigen die Gespanne eine Gesamtstrecke von über 400 km. Etwa 80 Schlittenhundeführer aus ganz Europa, in Fachkreisen Musher genannt, mit 500 Schlittenhunden der Rassen Alaskan Malamute, Grönlandhund, Samojeden und Sibirian Husky sind dabei.

Statistisches
Der Freistaat Thüringen, das kleinste der fünf neuen Bundesländer, ist 16 172 km^2 groß und hat 2,4 Mio. Einwohner, das entspricht rund 4,6 Prozent der Fläche und 3,4 Prozent der Einwohner Gesamtdeutschlands. Landeshauptstadt ist mit 204 000 Einwohnern Erfurt, zweitgrößte Stadt mit 118 000 Einwohnern Gera, gefolgt von Jena mit 99 000 Einwohnern. Die größte Ausdehnung von West nach Ost beträgt 192 km und von Nord nach Süd 160 km. Höchste Erhebung ist mit 982 m der Große Beerberg, gefolgt vom Schneekopf mit 978 m und dem Großen Inselsberg mit 916 m. Die Saale fließt 196 km durch Thüringen, die Werra von der Quelle bis zur Landesgrenze 187 km. Es gibt 6 kreisfreie Städte in Thüringen. Dies sind Eisenach, Erfurt, Gera, Jena, Weimar und Suhl.

Tanzlinden
Im Südwesten Thüringens wird auf Lindenbäumen getanzt! Um auf einer Linde eine Tanzfläche anbringen zu können, muss der Baum oft jahrzehntelang mit großem Aufwand beschnitten werden. Die Tanzlinde vor der Kirche in Effelder wurde 1707 gepflanzt. Prominentester Tänzer auf ihr war 1790 zur Kirmes Herzog Georg I. von Sachsen-Meiningen. Der Tanzboden auf der 350 Jahre alten Linde in Sachsenbrunn bei Eisfeld hat einen Durchmesser von sieben Metern.

Tanzboden hoch oben in einer Linde

Orig.
Thüringer
Rost-
wurst

Bratwurst, Klöße und Zwiebelkuchen

Nationalgericht sind Klöße aus rohen Kartoffeln mit Braten und viel Soße

Die Küche Thüringens gilt als schmackhaft und deftig, sie hat für den Gaumen eine Menge zu bieten. Nationalgericht sind die Thüringer Klöße aus geriebenen rohen Kartoffeln, die mit gerösteten Weißbrotwürfeln gefüllt werden. Wer die »echten« auf den Tisch bringt, darüber streitet man sich schon seit ewigen Zeiten. Denn die Beimischungen sind regional unterschiedlich, sie reichen von gekochten Kartoffeln über Mehl bis zu verschiedenen Gewürzen. So unterschiedlich wie die Beimischungen, so verschieden sind auch die Namen für die Klöße. Sie heißen in Schmalkalden »Hebes«, in Meiningen »Hütes«, in Suhl »Knolle« und in den Walddörfern »Klüss«. Das Rezept für die wirklich echten Thüringer Klöße besitzen, so behaupten sie selbst, die Meininger. Denn der Sage nach soll es Frau Holle an ihren Bürgermeister mit den Worten übergeben haben: »Bewahr es und hüt es.« Seitdem werden in Meiningen die Klöße »Hütes« genannt. Die besten Klöße sind wohl jene, bei denen die Gäste sich nicht einigen können, ob sie die Beilage oder das Hauptgericht sind. Serviert werden die Klöße mit Braten und viel Soße. Das typische Sonntagsgericht, von Ort zu Ort immer ein wenig anders zubereitet, sind Klöße mit Sauerbraten. Mancher schwört aber auch auf die Roulade oder gebratene Entenkeule mit Rotkohl. Bleiben Klöße übrig, werden sie in fingerdicke Scheiben geschnitten und in der Pfanne beiderseits goldgelb gebraten. Dazu gibt es das restliche Fleisch vom Mittag.

Auch die »Erdäpfel« oder »Arpfel«, wie südlich des Rennsteigs zur Kartoffel gesagt wird, bestimmen den Speisezettel. Das war nicht immer so, denn erst gegen Ende des 18. Jhs. begann zaghaft der Kartoffelanbau. Vor allem im Gebirge, wo der Boden karg und das Klima rau ist, wurden die preiswerten aber nahrhaften Knollen rasch zum Hauptnahrungsmittel der kleinen Leute. Die Hausfrauen und viele Köche in den Restaurants setzen die Kartoffel phantasievoll ein, wovon die vielseitigen Kartoffelsuppen zeugen. Sogar in den Hefekuchen knetet man gekochte und zerdrückte Kartoffeln. Ein solcher Kartoffelkuchen – frisch muss er allerdings sein – ist eine Delikatesse.

Schlemmerei zwischendurch: Eine Thüringer Rostbratwurst schmeckt auch zu zweit

Thüringer Spezialitäten

Lassen Sie sich diese Köstlichkeiten gut schmecken!

Biersuppe – In feine Streifen geschnittenes Brot wird mit Bier aufgekocht, Butter, Salz, Zucker hinzugegeben und zum Schluss verquirlte Eier und Rahm unter die Suppe gerührt.

Hefeklöße mit Heidelbeeren
Aus einem süßen Hefeteig werden Klöße geformt und über Wasserdampf gegart. Dazu reicht man heiße Heidelbeeren.

Kartoffelpuffer – Rohe, geriebene Kartoffeln und Zwiebeln werden mit Eiern und Salz vermischt in heißem Fett von beiden Seiten gebraten. Mit darübergestreutem Zucker und Apfelmus essen.

Rostbrätel – Eine kräftig mit Salz, Pfeffer und Kümmel gewürzte Schweinekammscheibe wird mit Zwiebelscheiben 12 bis 24 Stunden in Bier eingelegt. Danach auf dem Holzkohlenrost grillen.

Sauerbraten – In Marinade eingelegtes Rinderschmorfleisch wird mit einer aus Speisepfefferkuchen sämig gebundenen Soße serviert. Dazu gibt es Apfelrotkohl und Thüringer Klöße.

Thüringer Klöße – Von rohen Kartoffeln zwei Drittel reiben und stark auspressen, das restliche Drittel kochen und püriert darunter mengen. In die Mitte der faustgroß geformten Klöße geröstete Brötchenwürfel geben und in siedendem Salzwasser garen.

Topfbraten – Schweineschnauze, -ohren, -herz und -nieren werden gekocht und klein geschnitten. Die Soße erhält ihren besonderen Geschmack durch die Beigabe von fein zerkrümeltem Schwarzbrot oder Soßenlebkuchen sowie sauren Gurken und Gurkenbrühe. Dazu gibt es Klöße.

Wickelklöße in Petersiliensoße – Rind- oder Geflügelfleisch mit Gewürzen kochen. Auf einen ausgerollten Nudelteig geriebene, in Margarine geröstete Brötchen

streichen, zusammenrollen und Scheiben abschneiden. Diese in siedendem Salzwasser garen. In die Brühe geben und mit viel frisch gehackter Petersilie bestreuen.

Zwiebelkuchen – Der Belag auf dem ungezuckerten Hefeteig besteht aus fein geschnittenen, in ausgelassenem Speck gedünsteten Zwiebelringen, Eiern, saurer Sahne, etwas Mehl sowie Salz und Kümmel. Der Kuchen wird warm serviert.

Zu Ruhm über die Landesgrenzen hinaus gelangte die Thüringer Bratwurst, deren würziger Duft vielerorts durch die Gassen zieht. Nur zwischen Eisenach, Altenburg, Nordhausen und Sonneberg gibt es die echten Thüringer: Pikant gewürztes Rind-, Kalb- und Schweinefleisch wird locker in Schweinedarm gestopft. Locker deshalb, damit sich die Wurst beim Knusprigbraten über dem Holzkohlefeuer blähen kann. Kümmel, Knoblauch, Pfeffer, Salz, Zwiebel und Senf machen den thüringischen Grundgeschmack aus, auch in der Rostbratwurst. Der Legende nach sei die Thüringer Volksspeise Nr. 1 so entstanden: Im 7. Jh. sollen die im östlichen Thüringen siedelnden Sorben in Därme gefülltes Hackfleisch als Wegzehrung mit sich geführt haben. Als ein starker Regen sie zu plötzlicher Rast zwang, hätten sie in der Schnelle die gefüllten Därme über das Feuer gehalten – und fertig war die erste Thüringer Bratwurst. Oft wird auf dem Holzkohlegrill auch das Thüringer Rostbrätl (Schweinekammscheiben) gebraten, das es mit gerösteten Zwiebelringen gibt.

Im Eichsfeld ist der Eintopf »Saure Klebchen« beliebt. Er wird im Anschluss an eine Hausschlachtung zubereitet. Wenn im Eichsfeld vom »Feldgieker« zu hören ist, dann handelt es sich um harte Mettwurst aus bestem Schweinefleisch, die erst nach einer Lufttrocknung von mindestens sechs Monaten ihre richtige Reife und Würze erlangt. Der Volksmund gab den Würsten den Namen, denn sie sind so groß, dass die an den Häusern aufgehängten Würste vom Feld aus zu sehen waren.

Am Nachmittag gibt es Kuchen. Ganz vorn rangiert in zahlreichen Regionen der Zwiebelkuchen, der zum Weimarer Zwiebelmarkt ebenso gehört wie die Zwiebelrispen. Aber frisch muss der Zwiebelkuchen sein, deshalb ist er in vielen Konditoreien nur an bestimmten Tagen zu haben. Zur Kirmes (Kirchweihfest) werden unterschiedliche trockene und feuchte Kuchen gebacken. Zu Weihnachten bereitet die Hausfrau Stollen zu, der »Scheit« oder »Chressamel« genannt wird.

Traditionell stillen die Thüringer ihren Durst mit frischem Bier aus den einheimischen Brauereien, gern wird beispielsweise das dunkle Köstritzer getrunken. Wer zu viel gegessen hat, der lässt sich einen Nordhäuser Doppelkorn oder einen Aromatique servieren, einen Magenbitter aus der Neudietendorfer Spirituosenfabrik. Seit mehr als 170 Jahren wird er nach einer streng gehüteten Rezeptur in traditioneller Art und Weise – ohne fertige Essenzen und künstliche Aromastoffe – hergestellt.

Auch die Thüringer Küche hat in den letzten Jahrzehnten Neues aus anderen Regionen in ihren Speisezettel aufgenommen. Aber Pizza, Jägerschnitzel und Hamburger konnten und werden Rostbratwurst, Rostbrätel und Thüringer Klöße nicht verdrängen. Darauf achten die Thüringer Köche. Sie bereiten immer phantasievoller zu, haben in alten Kochbüchern nachgeschlagen und Rezepte aus der Goethezeit hervorgekramt. Was in zahlreichen Restaurants serviert wird, sind Gaumenfreuden. Die Tester der Restaurantführer würdigen das zunehmend mit den begehrten Kochlöffeln oder Sternen.

GOETHE
-BAROMETER
-WASSERGLAS
-PORZELLAN
-BÜSTEN
HIER ERHÄLTLICH
Thüringer Kloßfrau
Goethe Barometer

Phantasievolles aus Glas und Ton

Große Auswahl an Regionaltypischem in kleinen Läden und Boutiquen

Thüringen ist reich an kunsthandwerklichen Traditionen, seit Jahrhunderten wird geschnitzt und getöpfert, Glas geblasen und Porzellan geformt. Die Auswahl an Souvenirs ist groß. Oft, so bei Glasbläsern in Lauscha und Neuhaus am Rennweg, werden Ziergläser und Tierplastiken nach Wunsch mundgeblasen oder handgeformt. Glasboutiquen bieten den weltberühmten Lauschaer Christbaumschmuck in großer Auswahl an. Auffallend ist die hübsche blauweiße Keramik aus dem traditionsreichen Töpferstädtchen Bürgel. Die Palette reicht vom Aschenbecher über den Krug bis zum Teeservice. Blau ist seit dem Anbau der Blaufärbepflanze Waid im Mittelalter die Thüringer Modefarbe. Eine echte Blaudruckdecke aus einer der noch handwerklich produzierenden Blaudruckwerkstätten in Erfurt ist deshalb etwas Besonderes.

Gräfenroda gehört zu den Orten, die behaupten, die Wiege der Gartenzwerge in Deutschland zu sein. In der Gemeinde an der B 88 kann heute unter mehr als 200 Modellen gewählt werden, der kleinste Gartenzwerg misst 2 cm, der größte 68 cm. Etwas mehr ausgeben muss, wer sich eine Porzellanfigur beim Senior der Thüringer Porzellanmanufakturen in Rudolstadt-Volkstedt auswählt. Gern gekauft wird auch das seit 1790 hergestellte Weimar-Porzellan. Besonders beliebt ist das Dekor »Rose von Weimar«, das eine Liebeserklärung an die Romantik Weimarer Gärten sein soll. Weimar-Besucher nehmen als Erinnerung häufig ein silbernes oder goldenes Ginkgoblatt mit, zu dem ein Gedicht beigelegt wird, das Goethe dem zweilappigen Blatt widmete. Der Dichter soll den Ginkgobaum in seinem Weimarer Hausgarten angepflanzt haben. Auch Gingkolikör und Gingkotee kann man kaufen. Beliebte Mitbringsel sind ebenso Trachtenpuppen und Nachdrucke historischer Skatspiele aus Altenburg, der Geburtsstadt des Skats. Wer in der Thüringischen Rhön wandert, hat bei der Heimreise oft die Holzfigur des Rhönpaulus im Gepäck, des Robin Hoods dieser Gegend. Und wer etwas tiefer in den Geldbeutel greifen kann: Im Schaudenkmal Gießerei Heinrichshütte in Wurzbach werden auf persönlichen Wunsch gusseiserne Öfen wie im 18. Jh. gefertigt.

Thüringer Kloßfrau neben Goethebüste: Souvenirs aus Weimar

Feste, Events und mehr

Kulturelle Spektakel und Jazz ohne Ende

Langeweile muss es im Freistaat nicht geben. Viele Städte warten mit beachtlichen Festen auf, derentwegen mancher sogar nach Thüringen reist. In den Dörfern ist fast immer etwas los, hier reichen die Feste vom Skifasching über den Feuerwehr- und Dorfball bis zu Erntedankfesten.

Zwiebelmarkt in Weimar

Feiertage

Im überwiegend protestantischen Teil Thüringens: **1. Januar,** Karfreitag, Ostermontag, **1. Mai,** Himmelfahrt, Pfingstmontag, **3. Oktober, 31. Oktober** *(Reformationstag),* **25. und 26. Dezember.** Im katholischen Eichsfeld sind auch der **6. Januar** *(Hl. Drei Könige),* Fronleichnam und der **1. November** *(Allerheiligen)* gesetzliche Feiertage.

Veranstaltungen

März

Eisenacher Sommergewinn: Thüringens größtes Volksfest mit prachtvollem Festumzug. Gefeiert wird die Austreibung des Winters. Auf den beiden größten Festwagen sitzen König Winter und die von Tausenden von Blumen umgebene Frau Sunna (Sonne). *Dritter Sa vor Ostern*

Mai

Guts-Muths-Rennsteiglauf: Der größte und härteste Crosslauf Europas mit mehr als 10 000 Teilnehmern, die aus fast zwei Dutzend Ländern kommen, und etwa 100 000 Zuschauern an der Strecke. Gelaufen wird auf dem berühmten Höhenwanderweg Rennsteig, gestartet werden der Halbmarathon (21 km), der Marathon (42,2 km) und der

Super-Marathon (76 km). *Sa Mitte des Monats, www.rennsteiglauf.de*

Juli

Tanz- & Folkfest Rudolstadt: Gruppen aus fast allen Kontinenten treten auf knapp zwei Dutzend Bühnen auf und ziehen singend und tanzend durch die Straßen der Stadt. Auch ein großes Kinderfest gehört zum Programm. *Wochenende Anfang des Monats*

Juli/August

Insider Tipp *Kulturarena Jena:* Das Sommerfestival hat sich zu einem rauschenden Theater- , Musik- und Filmfest entwickelt. Die Künstler kommen aus mehreren Ländern, das Programm möchte einfache Unterhaltung bieten und ebenso höchsten Ansprüchen gerecht werden.

August

Domfestspiele Erfurt: Ein kulturelles Spektakel der besonderen Art mit aufwändigen Kostümen, interessanten Bühnenbildern und raffinierten Lichteffekten vor der Kulisse von Mariendom und Severikirche. Bühne für das Open-Air-Festival (2002 Wagners »Der fliegende Holländer«) bilden die 70 Stufen vom Domplatz hinauf zu dem einzigartigen Architekturensemble.

August/September

Kunstfest Weimar: Das Programm umfasst Jazz-, Rock- und klassische Konzerte ebenso wie Lesungen, Vorträge und Tanz- und Theateraufführungen. Das Festival mit Künstlern aus vielen Ländern beginnt traditionell mit einer großen Straßenpromenade.

Oktober

★ *Zwiebelmarkt Weimar:* Schon Goethe mochte den Markt, der 1653 erstmals stattgefunden haben soll. Der Zwiebelmarkt entwickelte sich von einem Gemüsemarkt zu einem der beliebtesten Volksfeste in Thüringen. Kunstvoll geflochtene Zwiebelzöpfe sind in allen Größen und Varianten im Angebot. Neben dem eigentlichen Markttreiben gibt es Theater, Musik, Schausteller und Varieté. *Zweites Wochenende Fr–So*

Oktober/November

Insider Tipp *Jazzmeile Thüringen:* Bekannte und unbekannte Formationen spielen in großen und kleinen Räumen in verschiedenen Städten. Im Programm finden sich große Namen internationaler Jazzer ebenso wie junge Talente.

Der Erfurter Domplatz feiert

Auf den Spuren deutscher Kaiser

Burgruinen, Wehrtürme und Kirchen bieten ein lebendiges Stück Mittelalter

Das Kyffhäuser-Gebirge, ein waldreicher Bergrücken im Norden Thüringens, verbindet sich mit einer bekannten deutschen Sage. 99 Varianten soll es von ihr geben, im Prinzip lauten alle so: Kaiser Barbarossa wartet schlafend im Berg, bis Deutschland wieder seine starke Hand benötigt. Von der Aussichtsplattform des Kaiser-Wilhelm-Nationaldenkmals bietet sich ein weiter Blick auf das Land. Das Auge wandert zum Harz sowie zu dem sanft welligen Thüringer Becken mit dem klimatisch rauen Eichsfeld am Nordwestrand. Das Eichsfeld wurde 1815 auf dem Wiener Kongress geteilt: Das Untereichsfeld um Duderstadt kam zum Herzogtum Hannover und gehört heute zum Land Niedersachsen, das Obereichsfeld um Heiligenstadt gelangte zu Preußen und gehört heute zu Thüringen. Als südliches Tor zum Obereichsfeld gilt das historisch interessante Mühlhausen, das nicht weniger geschichtsträchtige Nordhausen wiederum wird als südliches Tor zum Harz bezeichnet. Beide Städte erlebten ihre mittelalterliche Blütezeit als Freie Reichsstädte und Mitglieder der Hanse.

Reiterfigur Willhelms I. im 81m hohen Kyffhäuser Monument: das Kaiser-Wilhelm-Nationaldenkmal

Sonnenblumenfelder leuchten vielerorts in Nordthüringen

MÜHLHAUSEN

[116 C4] ★ Fachwerkhäuser und Feldsteinbauten, verwinkelte Gassen, mehrere Kirchen und ein in dieser Geschlossenheit selten vorhandener Stadtmauerring bestimmen das Gesicht der Stadt. Mühlhausen (38 900 Ew.) ist wohl die historisch interessanteste Stadt in Thüringen, da sie ihr mittelalterliches Gepräge weitgehend erhalten konnte. Fast 400 Gebäude stehen hier unter Denkmalschutz. Vieles in Mühlhausen erinnert an den deutschen Bauernkrieg 1524/25, dessen bedeutendster Führer, der radi-

Fachwerkverzierung in Mühlhausen

kale Reformer Thomas Müntzer, in der Stadt lebte, predigte und vor den Toren hingerichtet wurde.

SEHENSWERTES

Historische Wehranlage
200 m des fast 3 km langen Stadtmauerrings mit Gartenhäusern sind zugänglich. Versäumen Sie nicht den schönen Blick auf die Stadt von der Insider Tipp Aussichtsplattform des Rabenturms aus dem 14. Jh. Nahe dem Rabenturm steht das Thomas-Müntzer-Denkmal von 1956. *Mai bis Okt. Mo–Do, Sa 13–17, So 10–12, 13–17 Uhr, Zugang an der Stadtseite des Inneren Frauentores*

Rathaus
Als historische Sehenswürdigkeiten dürfen die Rathaushalle und die Ratsstube besichtigt werden, in der im Frühjahr 1525 der »Ewige Rat« mit Thomas Müntzer tagte. *Mo–Do 10–16.30 Uhr, Fr 10–12 Uhr, Mai–Okt. auch Sa, So 10–17 Uhr, Ratsstraße*

MUSEEN

Bauernkriegsmuseum Kornmarktkirche
Die Ausstellung in der seit 1802 profanen Zwecken dienenden Kornmarktkirche gibt Auskunft über die Zeit des Bauernkriegs. *Di–So 10–16.30 Uhr, Kornmarkt*

St. Marien, Thomas-Müntzer-Gedenkstätte
In dem 1430 fertig gestellten Sakralbau wurden Fürstentage abgehalten, predigte Müntzer, fand die Bauernkriegs-Siegesfeier der Fürsten statt. Das museal genutzte Bauwerk ist nach dem Erfurter Dom die zweitgrößte Hallenkirche Thüringens. *Tgl. 10–16.30 Uhr*

ESSEN & TRINKEN

Mälzerhof
Regionale Küche in einem 500 Jahre alten Handelshaus. *Untermarkt 35, Tel. 03601/81 24 46,* €

Postkeller
Der Kachelofen und die dunkle Holztäfelung verbreiten Gemütlichkeit. Internationale und Thüringer Küche. *Steinweg 6, Tel. 03601/44 00 91,* €€

ÜBERNACHTEN

Brauhaus zum Löwen
In ruhiger Lage im Stadtzentrum. Vom fröhlichen Treiben in der

Malztenne, wo Sie dem kundigen Meister beim Bierbrauen zuschauen können, ist im Hotelbereich nichts zu hören. *36 Zi., Kornmarkt 3, Tel. 03601/47 10, Fax 44 07 59,* €€

Jugendherberge

Am Stadtrand in Richtung Worbis gelegen. *78 Betten, 6 Familienzi., Auf dem Tonberg 1, Tel. 03601/81 33 18, Fax 81 33 20,* €

FREIZEIT & SPORT

Badespaß garantieren in der tgl. geöffneten *Thüringentherme* zwei große Spaßbecken, eines in der Innenanlage und eines im Außenbereich, eine rasante 75-m-Rutsche, Whirlpools und vieles mehr. *Lindenbühl 10*

AUSKUNFT

Mühlhausen-Information

Ratsstr. 20, Tel. 03601/194 33, Fax 45 23 16, www.muehlhausen.de

ZIELE IN DER UMGEBUNG

Bad Langensalza **[117 D5]**

Türme, Portale und eine *mittelalterliche Wehranlage* sind die Wahrzeichen von Bad Langensalza (20 400 Ew.). Von den einst 24 Wehrtürmen der Stadt stehen noch 17, außerdem ist das Klagetor erhalten. Seit 1995 hängen an der Vorderfront 32 verschieden große Glocken, die zur vollen Stunde Melodien erklingen lassen. Insider Tipp

Das Augustinerkloster, *Wiebeckplatz,* nahm das *Heimatmuseum (Di–Fr 9–12, 13–16 Uhr, Sa, So 10–12, 13–17 Uhr)* auf. Langensalza ist Schwefelbad für Erkrankungen des Bewegungsapparats und der Haut. *21 km von Mühlhausen*

Burg Gleichenstein **[116 B3]** Insider Tipp

Adler stürzen sich auf Beuteattrappen, danach jagt ein Kondor durch die Luft: Das Schauspiel wird bei *Flugschauen* auf der Burg Gleichenstein geboten *(tgl. 11.30 und 15.30 Uhr, nicht bei starkem Wind und*

MARCO POLO Highlights »Nordthüringen«

★ **Kyffhäuser-Gebirge**
Minigebirge mit Kaiser-Wilhelm-Nationaldenkmal und den Resten der Reichsburg Kyffhausen (Seite 33)

★ **Schmalspurbahn**
Seit 1899 schnauft und dampft die Schmalspurbahn von Nordhausen nach Wernigerode (Seite 33)

★ **Bad Frankenhausen**
3000 Personen zeigt das größte Ölgemälde der Welt im so genannten »Elefantenklo« (Seite 32)

★ **Mühlhausen**
Die schöne Altstadt bietet einen interessanten Blick zurück ins Mittelalter (Seite 27)

Regen; Besichtigungen der Vögel im Burghof, tgl. 10–17 Uhr). 23 km von Mühlhausen

Heilbad Heiligenstadt **[116 B3]**
Drei große Hallenkirchen prägen das Stadtbild: St. Martins-, St. Marien- und St. Aegidienkirche, dazu kommen noch zwei gotische Kapellen. Kunstfreunde werden das *Eichsfelder Heimatmuseum (Di–Fr 10–12.30, 14–16.30 Uhr, Sa, So 14–16 Uhr, Kollegiengasse)* besuchen, in dem eine Ausstellung den großen Bildschnitzer Tilman Riemenschneider würdigt, der um 1460 in Heiligenstadt (17 000 Ew.) geboren wurde. Leseratten dürfte es in das *Literaturmuseum (Di–Fr 9–12, 13–16 Uhr, Sa, So 14–16 Uhr, Kasseler Tor 2)* ziehen, das Theodor Storm gewidmet ist, der von 1856–64 in Heiligenstadt lebte. Vor dem Museum steht Theodor Storm in Bronze und blickt die Wilhelmstraße hinunter.

Die tgl. geöffnete *Eichsfeld-Therme* bietet neben dem Thermal-Solebad mit Außenbecken und Strömungskanal eine Saunalandschaft. *32 km von Mühlhausen*

Kloster Volkenroda **[117 D4]**
Insider Tipp
Der Christus-Pavillon der Expo 2000, der auf dem Weltausstellungsgelände in Hannover Zehntausenden »Tankstelle für die Seele« war, steht seit 2001 im Kloster Volkenroda neben sanierten historischen Bauten. Das 1131 gegründete Zisterzienserkloster Volkenroda wurde 1525 im deutschen Bauernkrieg geplündert und zerstört. Heute ist die sanierte Klosteranlage europäisches Jugendbildungszentrum. *12 km von Mühlhausen*

Teistungen **[116 B2]**
Bis 1973 endete die B 247 in dem Dorf an Stacheldraht und Betonmauer, danach öffnete die DDR die Straße für den »kleinen Grenzverkehr« von West nach Ost. Im einstigen Zollverwaltungsgebäude entstand das *Grenzland-Museum Eichsfeld* (Insider Tipp) *(Di–Fr 10–16, So 13–17 Uhr, April–Okt. auch Sa 13–17 Uhr)*. Gegenüber dem Museum liegt das neue *Spaßbad Bäderwelt* mit Riesenrutsche und Saunawelt. *32 km von Mühlhausen*

NORDHAUSEN

[117 D2] Der »Nordhäuser Doppelkorn« (seit 1507 Branntweinherstellung) und der »Nordhäuser Kautabak« (von 1817 bis 1992) haben die Stadt bekannt gemacht. Bis

Die MARCO POLO Bitte

WWF

Marco Polo war der erste Weltreisende. Er reiste in friedlicher Absicht, verband Ost und West. Er wollte die Welt entdecken, fremde Kulturen kennen lernen, nicht zerstören. Könnte er heute für uns Reisende nicht Vorbild sein? Aufgeschlossen und friedlich sollte unsere Haltung auf Reisen sein. Dazu gehören auch Respekt vor Mensch und Tier und die Bewahrung der Umwelt.

1945 gehörte Nordhausen (45 000 Ew.) zu den schönsten Fachwerkstädten im Harzvorland. Ein Bombenangriff in den letzten Wochen des Zweiten Weltkriegs vernichtete die viel gerühmte Pracht – Nordhausen war die vom Krieg am schwersten betroffene Stadt Thüringens. Dennoch sind etliche Sehenswürdigkeiten erhalten, beispielsweise die hohe *Blasii-Kirche* mit den beiden ungleichen Türmen, die sich seit geraumer Zeit einander zuneigen.

SEHENSWERTES

Altes Rathaus
Der Spätrenaissancebau entstand im Jahre 1610. Der 3,20 m hohe Roland aus Eichenholz an der Westseite, Symbol bürgerlicher Unabhängigkeit, wurde zum Wahrzeichen von Nordhausen. Eine Stele erinnert an die 8000 Toten der Bombennacht vom 3.–4. April 1945. *Markt*

Dom Zum Heiligen Kreuz
Die spätgotische Hallenkirche besitzt eine sehenswerte Ausstattung, u. a. ein prächtiges, geschnitztes Chorgestühl, außerdem eine 800 Jahre alte Krypta unter dem Chor. Die Tür des zweiten Portals ist geöffnet und durch den Windfang können Sie ins Innere schauen. *Domstraße*

MUSEEN

KZ-Gedenkstätte Mittelbau-Dora
Mehr als 60 000 Menschen mussten ab 1943 den weltweit größten unterirdischen Rüstungsbetrieb für die V-2-Raketen errichten. Hierfür entstand das letzte große KZ, das heute eine Gedenkstätte ist. Lagergelände und Teile der unterirdischen Anlagen sind zu besichtigen. *April–Sept. Di–So 10–18 Uhr, Okt.–März bis 16 Uhr, Kohnsteinweg 20*

Bleiglas im Meyenburg-Museum

Meyenburg-Museum
Regionalgeschichte und wertvolles Mobiliar in einem repräsentativen Wohnhaus von 1908. Die Fabrikantenvilla mit Turm und Giebel über der Zugangsseite stellt ein interessantes kunsthistorisches Gegenstück zu den Industriebauten ihrer Zeit dar. Vom Museumsturm (Insider Tipp) haben Sie einen weiten Blick. *So bis Di 11–17 Uhr, Mi, Do 9–17 Uhr, Alexander-Puschkin-Str. 31*

Tabakspeicher
In dem ehemaligen Tabakspeicher können Sie sich über die Nordhäuser Handwerks- und Industriegeschichte informieren. *Di–Fr 10–17, Sa, So 12–18 Uhr, Bäckerstr. 20*

Traditionsbrennerei
Insider Tipp

In der 1857 gegründeten Kornbrennerei wird gezeigt, wie der Nordhäuser Korn zu Beginn des 20. Jhs. gebrannt, gelagert und dann im Kontor verkauft wurde. Probieren darf man den berühmten Korn selbstverständlich auch. *Führungen nach Vereinbarung unter Tel. 03631/994 70, Grimmelallee 11*

ESSEN & TRINKEN

Ratskeller

Behagliche Atmosphäre, schmackhafte Thüringer Küche und vor allem Saale-Unstrut-Weine. Der Nordhäuser Doppelkorn wird eiskalt serviert. *Markt 15, Tel. 03631/98 25 18,* €€

ÜBERNACHTEN

Handelshof

Dieses Hotel garni finden Sie in zentraler Lage. *38 Zi., Bahnhofstr. 12, Tel. 03631/62 50, Fax 62 51 00,* €€

Jugendgästehaus Rothleimmühle

Reizvoller, in der Nähe vom Stadtpark gelegener Fachwerkbau. *90 Betten, überwiegend in 3- oder 4-Bett-Zimmern, Parkallee 2, Tel. 03631/90 23 91, Fax 90 23 93,* €

AUSKUNFT

Tourismus-Informations-Zentrum

Bahnhofsplatz 3a (im Bahnhof Nordhausen/Nord), Tel. 03631/90 21 54, Fax 90 21 53, tourismus@nordhausen.de, thueris-egn@t-online.de, www.suedharz.de

ZIELE IN DER UMGEBUNG

Bad Frankenhausen [117 F3]

★ »Elefantenklo« nennt der Volksmund einen 1977 fertig gestellten Rundbau. In ihm hängt das mit 14,5 mal 123 m größte Ölgemälde der Welt. An dem Bild mit Szenen aus dem deutschen Bauernkrieg hat der Maler Werner Tübke zwölf Jahre gearbeitet *(April–Sept. Di–So 10–18 Uhr, Juli, Aug. auch Mo 13–18 Uhr, Okt.–März 10–17 Uhr, Am Schlachtberg 9).* Wahrzeichen der Stadt (9000 Ew.) sind der Hausmannsturm und der schiefe Turm der Oberkirche Unser lieben Frauen, der sich 3,59 m zur Seite neigt und wegen dieses beachtlichen Maßes der schiefste Turm Deutsch-

3000 Personen auf dem größten Ölgemälde der Welt im »Elefantenklo«

lands sein soll. Ganz in der Nähe befindet sich das *Hotel Residence Frankenburg (85 Zi, Am Schlachtberg 3, Tel. 034671/750, Fax 753 00, €€)*.

Die tgl. geöffnete *Kyffhäuser-Therme* bietet mit fünf Becken, mit dem Wildwasserkanal, dem Wellenbad und dem Wasserfall Badespaß für Groß und Klein. *38 km von Nordhausen*

Barbarossahöhle **[117 E3]**
Bei Rottleben wartet Barbarossa auf Besucher. In einer der schönsten und größten Gipshöhlen der Welt sitzt er auf steinernem Stuhl am Steintisch. Die Barbarossahöhle mit Grotten und kristallklaren Seen hat gleichbleibend eine Temperatur von 9 Grad – warme Kleidung also auch an Hochsommertagen mitnehmen! *Führungen (Dauer 40 Minuten) Mai–Sept. tgl. 9–18 Uhr, Okt.–April bis 17 Uhr, 30 km von Nordhausen*

Ilfeld **[117 D1]**
Bis 1880 wurde im *Rabensteiner Stollen* Steinkohle gefördert, seit 1980 ist er Schauanlage. Aus Sicherheitsgründen bekommen Besucher einen Grubenhelm aufgesetzt, festes Schuhwerk ist unbedingt erforderlich. *Führungen (Dauer 45 Minuten) Di–So 10–17 Uhr.* Vom eisernen Poppenturm auf dem 601 m hohen, gleichnamigen Berg können Sie bei guter Sicht den Brocken sehen. *10 km von Nordhausen*

Kyffhäuser-Gebirge **[117 E–F 2–3]**
★ 81 m hoch ist das *Kaiser-Wilhelm-Nationaldenkmal (Mai–Sept. tgl. 9–19 Uhr, Okt.–April bis 17 Uhr)*. Kaiser Barbarossa sitzt in einem Felsenhof, darüber erhebt sich das 10 m hohe Reiterstandbild Kaiser Wilhelms I. aus Mansfelder Kupfer. Der mühevolle Aufstieg über die 232 Stufen wird bei schönem Wetter mit einem phantastischen Blick belohnt. Die einst mächtige Reichsburg Kyffhausen ist schon seit Jahrhunderten Ruine. *20 km von Nordhausen*

Schmalspurbahn **[117 D1–2, O]**
★ Von Nordhausen dampft seit 1899 die Harzquerbahn über Ilfeld nach Wernigerode. In Drei Annen Hohne besteht Anschluss nach Schierke und zum Brocken, dem höchsten Berg im Harz. Der beste Platz im Zug ist der Fensterplatz ganz hinten links. Mit 700 PS sind die Schmalspurlokomotiven die stärksten ihrer Art in Europa.

Insider Tipp

Sondershausen **[117 E3]**
In Sondershausen (23 900 Ew.) zeigt das *Schlossmuseum (April bis Sept., Di–So 10–17 Uhr, Okt.–März bis 16 Uhr)* den »Blauen Staatswagen« des Fürsten Heinrich I., einen prachtvollen Festwagen des 18. Jhs.

Das kleine Liebhabertheater im Schloss, um 1840 entstanden, wird vor allem im Frühjahr und im Herbst bespielt. 1991 endete die Kaliproduktion in Sondershausen, dennoch ist Bergbau live zu erleben: Während einer dreistündigen Grubenbefahrung in 700 m Tiefe im Stollenlabyrinth des Besucherbergwerks »Glück auf«. Besondere Attraktionen sind der neu geschaffene Konzertsaal, eine Rutsche im Salz sowie ein Laugensee, auf dem sogar Kahnfahren möglich ist. Die Temperaturen: angenehme 21–24 Grad *(Tel. 03632/65 52 80, www.erlebnisbergwerk.com), 17 km von Nordhausen*

Insider Tipp

Tolle Stimmung herrscht in der *Silberschale, Kürchnergasse 3* **[U B–C 3]**. Vom Punk bis zum Popper fühlen sich hier alle bis 3 Uhr nachts wohl.

AUSKUNFT

Tourist-Information **[U B3]**
Benediktsplatz 1, Tel. 0361/664 00, Fax 664 02 90, service@erfurt-tourist-info.de, www.erfurt-tourist-info.de

ZIELE IN DER UMGEBUNG

Arnstadt **[121 E2]**
Anziehungspunkt im Schlossmuseum bildet die ★ *Puppenstadt Mon plaisir (April–Okt Di–So 8.30–12, 13–16.30 Uhr, Nov.–März 9.30–16 Uhr)* eine aus 80 Schaukästen und etwa 400 Wachsfiguren bestehende, 200 Jahre alte kulturhistorische Kostbarkeit. In der *Bachkirche* am Markt war Johann Sebastian Bach von 1703 bis 1707 als Organist tätig. Arnstadt (25 000 Ew.) wurde erstmals im Jahr 704 in den Annalen genannt und ist somit die älteste urkundlich erwähnte Stadt Thüringens. *20 km von Erfurt*

Hohenfelden **[121 F2]**
Das Thüringer Freilichtmuseum nutzt schöne Höfe des Dorfes, weitere baukünstlerisch bedeutende Häuser wurden aus mittel- und ostthüringischen Dörfern umgesetzt *(April–Okt. tgl. 10–18 Uhr, Nov.–März Di–So 11–17 Uhr, www.thueringen-freilichtmuseum-hohenfelde.de)*. Im Stausee Hohenfelden, mit dem fast 3 km langen Ufer, kann gebadet werden. Wem das zu kalt ist: Vergnügen für die gesamte Familie bietet das Spaßbad Avenida-Therme. *20 km von Erfurt*

Weißensee **[117 F4]**
Insider Tipp
Blide nannte man die Steinschleuder, die Kaiser Otto IV. vor 800 Jahren nach Thüringen brachte. Ein originalgetreuer Nachbau steht auf der *Runneburg (Di–So 9–18 Uhr)* von Weißensee (4000 Ew.). Zu bestimmten Anlässen schießt die TÜV-geprüfte Schleuder den 100 kg schweren Stein bis zu 400 m weit. Von der einstigen Thüringer Landgrafenburg haben sich Palas und Wohnturm erhalten, entstanden ist sie im 12. Jh. mit der *Nikolaikirche* und der Stadtkirche *St. Peter und Paul. 32 km von Erfurt*

GOTHA

[121 D1] Die Wasserkunst von 1895 (eine erhöhte Brunnenterrasse) verbindet das Wahrzeichen der Stadt, Schloss Friedenstein, mit dem lang gestreckten Markt. Alle Sehenswürdigkeiten von Gotha (50 000 Ew.) lassen sich zu Fuß erkunden. Die Stadt wurde ab 1785 durch die von Justus Perthes gegründete Geographische Anstalt und Verlagsbuchhandlung bekannt, in der neben Landkarten und Atlanten bis Anfang der 40er Jahre des 20. Jhs. der »Gotha« erschien, der Katalog deutscher Adelsgeschlechter. In Gotha gründete sich 1820 die erste deutsche Feuerversicherung und 1827 die erste deutsche Lebensversicherungsanstalt, deren Monumentalbauten in der *Bahnhofstraße* nicht zu übersehen sind. Das Haus *Cosmarstr. 10* spielt in der Geschichte der SPD eine bedeutende Rolle: 1875 vereinten sich in ihm die Eisenacher und die Lassalleaner zur Sozialistischen Arbeiterpartei.

SEHENSWERTES

Ekhoftheater

★ Das wohl älteste bestehende Barocktheater Deutschlands mit 300 Plätzen. Die Bühnentechnik von 1683 blieb nahezu unverändert erhalten. Unter Conrad Ekhof war es das erste deutsche Theater, an dem fest angestellte, durch Verträge abgesicherte Künstler arbeiteten. *Besichtigungen zu den Öffnungszeiten des Museums für Regionalgeschichte und Volkskunde, eine* Insider Tipp *Sonderführung jeden letzten Mittwoch im Monat um 14 Uhr, Veranstaltungen Juli, Aug.*

Schloss Friedenstein

Die größte frühbarocke Schlossanlage Deutschlands zählt so viele Räume, wie das Jahr Tage hat. Das Schloss beherbergt Museen und die aus über einer halben Million Bänden bestehende Forschungs- und Landesbibliothek. Den Park ließ Herzog Ernst II. nach englischem Vorbild anlegen. Auf der (nicht zugänglichen) Insel im großen Parkteich sind Angehörige des Herzogshauses bestattet.

MUSEEN

Museum der Natur

Das Naturmuseum Thüringens. Bereits 1647 wurde die Sammlung angelegt. *Mai–Okt. Di–So 10–17 Uhr, Nov.–April bis 16 Uhr, Parkallee 15*

Schlossmuseum

Gemälde und Plastiken sind in großer Fülle zu sehen. Zu den Kostbarkeiten gehört das erste deutsche Doppelporträt, unter dem Namen

Üppiger Formenreichtum aus dem späten 17. Jh. im Thronsaal von Schloss Friedenstein, das so viele Räume wie Jahrestage zählt

Sommers Weinstuben und Restaurant **[U D5]**
Historische Räume mit viel Atmosphäre. Wer sich seinen Platz schon im Voraus im Internet aussuchen möchte: *www.wein-sommer.com. Humboldtstr. 2, Tel. 03643/40 06 91,* €€

ÜBERNACHTEN

Hotel Elephant **[U E4]**
Ein Grandhotel im wahrsten Sinne des Wortes! Berühmt geworden vor allem durch Thomas Mann, der hier Teile seines 1939 erschienenen Romans »Lotte in Weimar« spielen lässt. *102 Zi., Markt 19, Tel. 03643/80 20, Fax 80 26 10,* €€€

Romantik Hotel Dorotheenhof Weimar **[O]**
In dem in einem Park liegenden Hotel fühlt man sich bei dem Hoteliers-Ehepaar Barleben wie bei guten Freunden. *60 Zi., Dorotheenhof 1 (im OT Schöndorf, Tel. 03643/45 90, Fax 45 92 00,* €€

Weimar Hilton **[O]**
Hier stimmt alles, vom Service bis zum Preis. Schwimmbad, Whirlpool, Sauna u. a. *300 Zi., Belvederer Allee 25, Tel. 03643/72 20, Fax 72 27 41,* €€€

AM ABEND

Der Besuch des *Deutschen Nationaltheaters* **[U D4]** gehört zum Muss eines mehrtägigen Aufenthaltes. Das *ACC, Burgplatz 1/2 (www.acc-weimar.de)*, ist eine der interessantesten Adressen von Weimar: Restaurant, Kunst, Tanz, Ausstellungen, Treff von Studenten sowie Künstlern und jenen, die sich dafür halten **[U D1]** Meist rappelvoll ist der *Studentenclub Kasseturm, Goetheplatz 9* **[U D3]**

AUSKUNFT

Tourist-Information **[U E4]**
Markt 10, Tel. 03643/240 00, Fax 24 00 40, touristinfo@weimar.de, tourist-info@weimar.de, www.weimar.de

ZIELE IN DER UMGEBUNG

Apolda **[118 B5]**
Mehr als 20 000 Turmglocken wurden in der Stadt (27 100 Ew.) gegossen, darunter die größte Glocke für den Kölner Dom. Im *Glockenmuseum (Mai–Okt. Di–So 10–18 Uhr, Nov.–April bis 17 Uhr, Bahnhofstr. 41)* darf der größte Teil der unterschiedlichen Glocken berührt, sogar angeschlagen werden. Einen überregionalen Namen hat sich das *Kunsthaus Apolda Avantgarde, Bahnhofstr. 42,* mit bedeutenden Kunstaustellungen gemacht *(Tel. 03644/56 24 80, Di–So 10–18 Uhr).* Komfort bietet Ihnen das *Hotel Am Schloss (100 Zi., Jenaer Str. 2, Tel. 03644/580, Fax 58 01 00,* €€*). 17 km von Weimar*

Insider Tipp

Bad Sulza **[118 B5]**
Die tgl. geöffnete, futuristische *Toskana Therme* lädt zu einem einzigartigen Erlebnis ein: Baden in Klang, Farbe und Licht. Direkt an der Therme das *Hotel an der Therme (155 Zi., Wunderwaldstr. 2, Tel. 036461/928 81, Fax 928 35,* €€*).* In Bad Sulza begann 1847 der Kurbetrieb, von den alten *Salinen* stehen noch zahlreiche Teile, die zum technischen Denkmal erklärt wurden. *34 km von Weimar*

Bewaldete Höhen, tiefe Täler

Rundblicke von zahlreichen Aussichtspunkten

Vom Mittellauf der Werra bei Eisenach bis etwa zur Höhe Gehren-Schönbrunn erstreckt sich der Thüringer Wald mit dem Großen Beerberg (982 m) als höchster Erhebung. Doch bekannter als dieser sind der 916 m hohe Große Inselsberg und der 861 m hohe Kickelhahn, den allerdings kaum einer kennen würde, hätte Goethe nicht an die Wand der dort stehenden Hütte die berühmten Verse »Über allen Gipfeln ist Ruh« geschrieben. Das etwa 70 km lange und bis zu 20 km breite Mittelgebirge wird seinem Namen noch weitgehend gerecht. Vor allem die Fichte ist anzutreffen, die im 18. Jh. als gut verwertbare Holzart angebaut wurde. Auf dem Kamm des Gebirges verläuft der berühmte Rennsteig. Jahrhunderte bildete er vielfach die Grenze thüringischer Kleinstaaten, wovon zahlreiche Grenzsteine zeugen. Typisch für den Thüringer Wald, im Sommer und Winter gleichermaßen als Erholungsgebiet beliebt, ist der Gegensatz von bewaldeten Höhen und tief eingeschnittenen Tälern.

Der Schwur »Wart' Berg, Du sollst mir eine Burg werden« soll 1067 zur Gründung der Wartburg geführt haben

Der große Herrmannsberg

EISENACH

[120 B–C1] Durch das Nationaldenkmal Wartburg gelangte die Stadt (44 700 Ew.) am Nordwestrand des Thüringer Walds zu Ruhm. Wer aber nur die Wartburg besucht, lässt sich viel entgehen. Vom Markt mit dem Schloss und der Georgenkirche sind das Bach- und das Lutherhaus sowie die Nikolaikirche in wenigen Minuten zu Fuß zu erreichen, bis zur Villa von Fritz Reuter benötigen Sie etwa 20 Minuten. Seit 1896 ist in Eisenach die Fahrzeugindustrie angesiedelt, zu DDR-Zeiten entstand hier der »Wartburg«. Die Tradition des Fahrzeugbaus setzt heute die Firma Opel fort. Der Zweite Weltkrieg und schwere Zeiten in Folge hinterließen ihre sichtbaren Spuren in Eisenach.

Das Bachhaus dokumentiert Leben und Werk des großen Komponisten

SEHENSWERTES

Markt
Zwei kleine schiefe Türme sind zu sehen: Das Rathaus besitzt den einen, das barocke Schloss den anderen. In der *Georgenkirche* hat Luther gepredigt, Johann Sebastian Bach wurde hier getauft.

Nikolaitor und -kirche
Durch das große und einzig erhaltenen gebliebene der fünf Stadttore führte die alte Handelsstraße von Frankfurt am Main nach Krakau. Die spätromanische Nikolaikirche wurde vor 100 Jahren gründlich erneuert. Schräg gegenüber der Kirche steht Martin Luther. *Karlsplatz*

MUSEEN

Automobilbaumuseum
Informationen über den mehr als 100-jährigen Automobilbau in Eisenach. Seit 1896 werden in der Stadt Autos produziert, die Tradition setzt heute die Firma Opel fort. *Di–So 10–17 Uhr, Rennbahn 8*

Bachhaus
Lange Zeit glaubte man, in dem Haus sei 1685 Johann Sebastian Bach auf die Welt gekommen. Das stellte sich aber als Irrtum heraus. Die Ausstellung macht mit dem Leben und Werk des genialen Musikers bekannt. *April–Sept. Mo 12–17.45 Uhr, Di–So 9–17.45 Uhr, Okt.–März Mo 13–16.45 Uhr, Di–So 9–16.45 Uhr, Frauenplan 21*

Lutherhaus
In dem hübschen Fachwerkhaus wohnte Martin Luther bei der Familie Cotta, als er zwischen 1498 und 1501 in Eisenach die Lateinschule besuchte. *Mai–Sept. tgl. 9–17 Uhr, Okt.–April Mo–Sa 9 bis 17 Uhr, So 14–17 Uhr*

Reuter-Villa
Der Alterssitz von Mecklenburgs Nationaldichter Fritz Reuter liegt nahe dem Kartausgarten. Das Haus birgt ferner die zweitgrößte Richard-Wagner-Sammlung (nach der in Bayreuth), die 1895 durch Kauf von Wien nach Eisenach gelangte. *Di–So 10–17 Uhr, Reuterweg 2*

Wartburg
★ Hoch über Eisenach thront das über 900 Jahre alte Nationaldenkmal, ein steinernes Dokument deutscher Geschichte und Kultur: Wirkungsstätte der hl. Elisabeth, die ihr Leben den Armen widmete, Schauplatz des legendären Sängerwettstreits im 12. Jh. während der Blütezeit des Minnesangs, Ort Luthers Übersetzung des Neuen Testaments 1521/22, Treff der Burschenschaften 1817. Das Äußere der Burg entspricht ganz den Vorstellungen, die die Meisten mit einem mittelalterlichen Herrensitz verbinden, obwohl die Wartburg im Laufe der Jahrhunderte von jedem Baustil Zugaben bekam. Aber alle fügen sich zu einem harmonischen Ganzen. 1838 begann die Wiederherstellung mit zahlreichen Neubauten. Betreten wird die Burg über das Torhaus, dessen hölzerne Flügel schon zu Luthers Zeiten nach Einbruch der Dunkelheit den Weg versperrten. Der Erste Burghof, der durch zwei geschlossene Wehrgänge aus dem 15. Jh. begrenzt wird, bekam in der Wiederherstellungsphase die Neubauten Demitz, neue Kemenate und Torhalle, durch die der Zweite Burghof erreicht wird. Hier befindet sich der Palas, der schönste romanische Profanbau nördlich der Alpen. Dieses rechteckige, mit drei Etagen ausgestattete Landgrafenhaus wurde vermutlich ab dem Jahr 1157 erbaut. Seit 1855 schmücken Fresken des bedeutenden Spätromantikers Moritz von Schwind die Elisabethgalerie, den Sängersaal und das Landgrafenzimmer. Für den Besuch der Innenräume des Palas ist die Teilnahme an einer Führung (Dauer 45–50 Min.) notwendig, die anschließenden Museumsräume können individuell (auch separat von der Führung) besichtigt werden. Hier sind wertvolle Stücke aus den Kunstsammlungen der Wartburg zu

MARCO POLO Highlights »Thüringer Wald«

★ **Wartburg**
Hoch über Eisenach thront die deutscheste aller Burgen (Seite 49)

★ **Sportanlagen**
Olympiasiegern und Weltmeistern in Oberhof zuschauen (Seite 56)

★ **Großer Inselsberg**
Mit dem Inselsberg-Express auf Thüringens bekanntesten Berg (Seite 54)

★ **Schmalkalden**
Alte, wunderschöne Fachwerkstadt (Seite 58)

sehen, unter anderem der große Dürerschrank, eins der schönsten Möbelstücke aus der Übergangszeit von der Spätgotik zur frühen Renaissance und Martin Luthers vergoldeter Reislöffel. Den Abschluss des Rundgangs bildet die Vogtei mit der Lutherstube, in der der Reformator 1521/22 während seiner Schutzhaft wohnte. 1999 wurde die Wartburg von der Unesco zum Welterbe erklärt. Damit ist die Burg die erste in Deutschland, die diese begehrte Auszeichnung erhielt.

Palasführungen und Museum: Nov.–Feb. tgl. 9–15.30 Uhr, Schließung des Burgtores 17 Uhr, März bis Okt. 8.30–17 Uhr, Schließung des Burgtores 20 Uhr. Informationszentrum: Am Schloßberg 2, Tel. 03691/770 73, Fax 770 72, www.wartburg-eisenach.de

ESSEN & TRINKEN

Brunnenkeller
In dem 500 Jahre alten Kellergewölbe kommt Thüringer und internationale Küche auf den Tisch. *Markt 10, Tel. 03691/714 29,* €€

Galerie Restaurant
Frisch und pfiffig zubereitete Speisen werden in eleganter, stilvoller Atmosphäre serviert. Besonders lobenswert: Die schmackhaften Fischspezialitäten. *Karlsplatz 11 (im Steigenberger Hotel Thüringer Hof), Tel. 03691/280,* €€

Landgrafenstube
Der Blick von den Tischen am Fenster auf den Thüringer Wald ist phantastisch. Ambitionierte Küche, sympathischer Service. *Im Hotel Auf der Wartburg, Tel. 03691/79 70,* €€€

Lutherstuben
Urgemütliches Grillrestaurant, mittelalterliches Dekor, Showküche. *Katharinenstr. 13 (im Hotel Eisenacher Hof), Tel. 03691/293 90,* €€

Weinrestaurant Turmschänke
Edle Weine, gutes Essen im Nikolaitor. Tischreservierung empfehlenswert! *Karlsplatz, Tel. 03691/21 35 33,* €€€

ÜBERNACHTEN

Aspekt Hotel Eisenach
48 Zimmer zu reellen Preisen. Das neue Hotel ist eingebunden in ein kleines Einkaufszentrum. *Clemensstr. 31–33, Tel. 03691/25 50, Fax 25 53 00,* €€

Auf der Wartburg
Es gibt viel mehr Übernachtungswünsche als das zu Deutschlands berühmtester Burg gehörende Hotel Zimmer hat – da hilft nur eines: rechtzeitiges Reservieren. *35 Zi., Auf der Wartburg, Tel. 03691/79 70, Fax 79 71 00,* €€€

Glockenhof
Familiäre Atmosphäre in moderner, behaglicher Einrichtung, Restaurant mit gutem Ruf. *39 Zi., Grimmelgasse 4, Tel. 03691/23 40, Fax 23 41 31,* €€

Jugendherberge Artur Becker
Am Stadtrand, direkt am Fuß der Wartburg gelegen. *102 Betten, 7 Familienzi., Mariental 24, Tel. 03691/74 32 59, Fax 74 32 60,* €

Steigenberger Hotel Thüringer Hof
Äußerst komfortables Hotel im Herzen der Stadt Eisenach. *127 Zi.,*

Karlsplatz 11, Tel. 03691/280, Fax 28 19 00, €€€

AM ABEND

Das *Thüringer Landestheater Eisenach-Rudolstadt-Saalfeld* befindet sich am *Theaterplatz 4–7.* Hier ist das Musiktheater beheimatet (das Schauspielensemble spielt in Rudolstadt). Von *Mai bis Sept.* finden häufig Konzerte im Festsaal des Palas der *Wartburg* statt. Das *Bachhaus* lädt zu kleinen Konzerten ein, im Winterhalbjahr in den Instrumentensaal, während der Sommermonate bei schönem Wetter in den Garten. Zur »Hausmusik bei Reuter« bittet der Richard-Wagner-Verband in die *Reuter-Villa.* Immer gut besucht ist die Großraumdiskothek *MAD, Neue Wiese 1, in Eisenach-Hötzelsroda.*

Insider Tipp

AUSKUNFT

Eisenach-Information

Markt 2, Tel. 03691/792 30, Fax 79 23 20, tourist-info@eisenach-tourist.de, www.eisenach-tourist.de

ZIELE IN DER UMGEBUNG

Drachenschlucht **[120 C1]**

Insider Tipp

Romantische Schlucht mit weit überhängenden, moosbedeckten, zehn Meter hohen Felswänden (südlich von Eisenach nahe der B 19). Durch das 1 km lange und an der schmalsten Stelle nur 86 cm breite Naturwunder führt ein mit Holzbohlen befestigter Weg. Im Winter, wenn die Schlucht einem Eiskristallpalast gleicht, ist der Spaziergang nicht gerade ungefährlich. Unbedingt rutschfeste Schuhe tragen. *2 km von Eisenach*

Luthers Tintenfleck

Eifrig kratzten Besucher den angeblichen Tintenfleck von der Wand

Bis in unsere Tage wird der Tintenfleck in der Lutherstube auf der Wartburg beschrieben, obwohl er schon mehr als hundert Jahre nicht mehr vorhanden ist. Souvenirjäger kratzten unablässig an der Wand, der Burgkastellan musste literweise Tinte heranschaffen, um den Fleck ständig nachzufärben. Bereits seit 1894 wird das unterlassen, an den Fleck erinnert ein kleines Loch links neben dem Kachelofen. Der Ofen stammt nicht aus der Zeit Luthers, sondern kam erst vor 100 Jahren in den Raum. Auch Luthers Arbeitstisch trugen die Besucher Span für Span als Andenken nach Hause, bis kaum noch etwas vorhanden war. Der heutige spätgotische Kastentisch wurde 1817 plaziert. Der berühmte Tintenfleck soll entstanden sein, weil der Legende nach Luther 1521/22 angeblich ein Tintenfass nach dem Teufel schleuderte. Luther selbst sprach davon, den »Teufel mit Tinte zu vertreiben«, womit er aber meinte, er habe mit seinen auf der Wartburg verfassten Schriften den Teufel bekämpft.

Skulpturenpark Behringen **[116 C5]**

Künstler aus mehreren europäischen Ländern haben für den Skulpturenpark Behringen am Rand des Nationalparks Hainich phantasievolle Gebilde aus Stein, Holz oder Metall geschaffen. Viele davon stehen auch am 6,5 km langen Skulpturenwanderweg, der von Behringen nach Hütscheroda führt.

In Hütscheroda entstand im Herrenhaus von 1680 das *Hotel Zum Herrenhaus (Tel. 036254/ 72 00, Fax 720 23, €)* mit 31 im Landhausstil eingerichteten Zimmern. *20 km von Eisenach*

FRIEDRICHRODA

[121 D2] Die Stadt (5600 Ew.) gehört zu den bekannten Ferienorten im Osten Deutschlands. Bereits vor 150 Jahren kamen die ersten Erholungsuchenden. Der Brunnen vor der Kirche ist dem in Friedrichroda geborenen Friedrich Buschmann gewidmet, der 1820/21 die Mund- und Handharmonika erfand. Mehr als 100 km markierte Wanderwege führen zu den Bergen der Umgebung, so zum 573 m hohen Gottlob mit Blick auf den sich in einem Talkessel erstreckenden Ort. Wer nicht weit laufen möchte, kann durch den Reinhardsbrunner Landschaftspark, der schon Goethe gefiel, oder durch den Puschkinpark flanieren.

SEHENSWERTES

Marienglashöhle

Größte und wohl auch schönste Kristallhöhle Europas. Ihren Namen bekam sie vom Marienglas (einer seltenen Form von Gips), das aus durchsichtigen Kristallen besteht und im 18. und 19. Jh. zum Schmücken der Marienbilder verwendet wurde. *Führungen (Dauer 30 Minuten) April–Okt. tgl. 9–17 Uhr, Nov.–März bis 16 Uhr*

ESSEN & TRINKEN

Café Busch

Im Wiener Stil eingerichtetes Café; den Kuchen aus eigener Herstellung sollten Sie unbedingt probieren. *Hauptstr. 19*

Zur alten Backstube

Urgemütlich, gutbürgerliche Küche. *Lindenstr. 3, Tel. 03623/ 361 70, €*

ÜBERNACHTEN

Jugendherberge

Am Stadtrand, direkt am Wald gelegen. *50 Betten, Waldstr. 25, Tel. 03623/30 44 10, Fax 30 50 03, €*

Landhaus Machold

Kinderfreundliche Pension in ruhiger Waldrandlage. *15 Zi. und 2 Ferienwohnungen (für je 4 Pers.), Im Grund 8, Tel. 03623/20 08 99, Fax 30 48 08, €€*

Ramada Treff Hotel Thüringer Wald

Familienfreundliches Haus in ruhiger Lage am Kurpark. *154 Zi., Burchhardtsweg 1, Tel. 03623/ 35 20, Fax 35 25 00, €€€*

Tanzbuche

Für Naturfreunde ist die Tanzbuche genau das richtige: Das Hotel liegt mitten im Wald. *35 Zi., Auf dem Höhenberg (in Richtung Schmalkal-*

Sommervilla im Ferienort Friedrichroda

den), Tel. 03623/36 99 00, Fax 36 99 43, €–€€

FREIZEIT & SPORT

Das Erlebnisbad mit Whirlpool, Sauna und vielem mehr im Ramada Treff Hotel Thüringer Wald steht gegen Gebühr allen Gästen offen. Am Teich des Schlosses Reinhardsbrunn werden von Mai bis Sept. Boote ausgeliehen.

AUSKUNFT

Tourist-Information
Marktstraße 13–15, Tel. 03623/ 332 00, Fax 33 20 29, friedrichroda.kur@t-online.de, www.friedrichroda.de

ZIELE IN DER UMGEBUNG

Bergbühne Fischbach [120 C2]
2000 Besuchern bietet die *Freilichtbühne* Platz, gespielt wird von *Mitte Mai bis Mitte Sept.* Der Regenschirm sollte nicht vergessen werden, für den Fall, dass plötzlich ein Schauer kommt. Auch empfiehlt es sich, ein Kissen zum angenehmen Sitzen auf den Holzbänken mitzunehmen. *10 km von Friedrichroda*

Brotterode [120 C2]
Mit Geschwindigkeiten bis zu 40 km/h kann am Kleinen Inselsberg bei Brotterode (3300 Ew.) auch an heißen Tagen gerodelt werden: Mit zwölf Steilkurven und vier Bögen schlängelt sich die 1000 m lange Sommerbahn ins Tal. Am Bahnende werden die Schlitten samt Besatzung an ein Seil angeklinkt und wieder zur Bergstation hinaufgezogen.

Badespaß und Saunafreuden gibt es in der neuen *Inselsbergtherme* am Ortsausgang. Einen weiten Blick haben Sie vom 700 m hohen Mommelstein südlich der Stadt. *16 km von Friedrichroda*

Großer Inselsberg **[120 C2]**

★ Der Berg, über den der Rennsteig führt, gilt als der schönste Thüringens. Etliche Sagen ranken sich um ihn: So die vom Mönch, der einst eine Überschwemmung verhinderte, weil er den Wasserzufluss mit seinem »samtenen Ärmel« verstopfte. Von 916 m Höhe können Sie bei guter Sicht sogar den Brocken im Harz erkennen. Einst verlief über den Berg die Grenze zwischen Hessen und Sachsen-Gotha, deshalb wurden im 19. Jh. zwei Herbergen gebaut: auf der hessischen Seite im Jahre 1810 der heutige *Berggasthof Stöhr (Tel. 036840/324 25, €)*, auf der gothaischen im Jahre 1851 der heutige *Berggasthof Stadt Gotha (Tel. 03629/623 67, €)*. Für alle, die nicht gut zu Fuß sind: *Vom Parkplatz Grenzwiese (an der Straße Tabarz–Brotterode) fährt im Sommer tgl. der Inselsberg-Express zum Gipfel. 12 km von Friedrichroda*

Sommerrodeln auf dem Inselsberg

Tabarz **[120 C2]**

Tabarz (4300 Ew.), Endstation der in Gotha beginnenden Thüringerwaldbahn, gehört seit jeher zu den beliebten Ferienorten Thüringens. Das *Kur- und Familienbad Tabbs (Schwimmbadweg 10)* bietet eine große Rutsche, Saunen, Solarien und im Sommer ein Außenbecken.

In der Mo bis Sa geöffneten *Schauwerkstatt (Zimmerbergstr. 4)* wird Thüringer Schmuck angefertigt und ausgestellt.

Eine Schauküche hat das *Restaurant im Hotel Frauenberger (Max-Alvary-Str. 9, Tel. 036259/52 20, Fax 52 21 00, €€)*. Hier kann dem Koch bei der Zubereitung der Speisen über die Schulter geschaut werden. Das Hotel bietet 43 im gediegenen Landhausstil eingerichtete Zimmer und besitzt ein Schwimmbad. *6 km von Friedrichroda*

Waltershausen **[121 D2]**

Die Thüringerwaldbahn, eine der letzten Überlandstraßenbahnen Deutschlands, bringt Sie rasch in die Stadt (12 000 Ew.) mit dem *Klaustor* von 1390, dem *Töpferturm* von 1474 und dem *Schloss Tenneberg* mit dem *Heimatmuseum (Mai–Okt. Di–So 9–16 Uhr, Nov.–April Mi–So 9–16 Uhr). 5 km von Friedrichroda*

ILMENAU

[121 E3] Der Thüringer Wald schiebt sich bis an den Rand der Stadt (31 000 Ew.), die Goethe bereits als »Anmutig Tal, du immergrüner Hain« schwärmerisch beschrieben hat. Das Herz Ilmenaus bildet der Markt mit dem Rathaus

aus dem 18. Jh. und dem achteckigen Brunnen mit der Wasser speienden Henne davor. Von ihm führt die den Fußgängern reservierte Marktstraße zur barocken Stadtkirche. Sie besitzt einen großartigen Innenraum. An Ilmenaus Technischer Universität studieren 8000 Studenten.

SEHENSWERTES

Goethehäuschen auf dem Kickelhahn

In der kleinen Hütte auf dem Kickelhahn (861 m), dem Wahrzeichen der Stadt, entstand 1780 Goethes berühmt gewordenes »Wanderers Nachtlied«. Die Hütte brannte 1870 ab, wurde aber vier Jahre später originalgetreu wieder errichtet. Vom 24 m hohen Aussichtsturm haben Sie einen weiten Blick. 5 km zu Fuß vom Stadtzentrum entfernt.

MUSEEN

Jagdhaus Gabelbach

Das Haus am Fuß des Kickelhahns, in dem Goethe viele Male Gast war, vermittelt Eindrücke vom geselligen Leben des Weimarer Hofes, von den Jagdgewohnheiten der damaligen Zeit sowie von Goethes Tätigkeiten im Thüringer Wald. *Mai bis Okt. Mi–So 9–17 Uhr, Nov. bis April Mi–So 10–16 Uhr, Waldstr. 24*

Museum der Stadt

Insgesamt 28-mal weilte Goethe in Ilmenau. Gewohnt hat er im südöstlichsten Zimmer im ersten Stock des Amtshauses, das aus diesem Grund Goethe-Gedenkstätte wurde. *Mai–Okt. tgl. 9–12, 13–16.30 Uhr, Nov.–April tgl. 10–12, 13–16 Uhr, Am Markt 1*

ESSEN & TRINKEN

Café Schindler

Leckere Kuchen und Torten aus eigener Herstellung. *Weimarer Str. 2*

Ratskeller

Typische thüringische Küche, gut schmeckt der Ilmenauer Topfbraten. *Am Markt 6, Tel. 03677/20 20 01,* €€

ÜBERNACHTEN

Jugendherberge

In zentraler Lage direkt im Wohngebiet. *130 Betten, Am Stollen 48, Tel. 03677/88 46 81, Fax 88 46 82,* €

Lindenhof

In ruhiger, zentraler Lage direkt an der Fußgängerzone. *45 Zi., Lindenstr. 5–11, Tel. 03677/680 00, Fax 68 00 88,* €€

Romantik Berg- und Jagdhotel Gabelbach

Idyllische Lage im Wald. Mit fast allem ausgestattet, was einen Aufenthalt angenehm macht: Hallenbad, Saunalandschaft, Bowlingcenter, Liegewiese, Restaurant, Café. *91 Zi. und Suiten, Waldstr. 23a, Tel. 03677/86 00, Fax 86 02 22,* €€€

FREIZEIT & SPORT

Sport- und Freizeitbad

Das wunderschön ausgestattete Freibad mit beheiztem Schwimmbecken liegt im Hammergrund. Auch bei kühlem Wetter beträgt die Wassertemperatur mindestens 24

Grad. Drei Röhrenrutschen, Wasserpilz und vieles mehr. *Mai und Sept. tgl. ab 10 Uhr, Juni–Aug. tgl. ab 9 Uhr*

AM ABEND

In der Studentenkneipe *Zentrale* sitzt es sich angenehm auf den Couchgarnituren. Besonders gut schmecken dort die täglich wechselnden Menüs, die Tino Aghte ausschließlich vegetarisch zubereitet. Man kann zwischen zweien wählen. Das kulturelle Programm reicht vom Auftritt kleiner Bands bis zu Lesungen und Kleinkunsttheater. *August-Bebel-Str. 25*

AUSKUNFT

Ilmenau-Information
Lindenstr. 12, Tel. 03677/194 33, Fax 20 25 02, stadtinfo@ilmenau.de, www.ilmenau.de

ZIEL IN DER UMGEBUNG

Stützerbach **[121 E3]**
Dreizehnmal besuchte Goethe Stützerbach (2000 Ew.), jedesmal wohnte er im Haus des Glashüttenbesitzers Gundelach. Das schiefergedeckte Bauwerk wurde *Goethe-Gedenkstätte (April–Okt. Mi–So 9–17 Uhr, Nov.–März Mi–So 10–16 Uhr, Sebastian-Kneipp-Str. 18)*. Im Erdgeschoss wird die Geschichte des technischen Glases dargestellt. Seit 1933 ist der Ort am Nordhang des Thüringer Waldes Kneippbad.

Im *Restaurant Waldfrieden, (Goethestr. 13, Tel. 036784/502 94, €€)* unbedingt die frischen Forellen aus dem Biosphärenreservat Vessertal probieren. *10 km von Ilmenau*

OBERHOF

[121 D3] Dichte Fichtenwälder umgeben den wohl bekanntesten Ferienort Thüringens, der sich bemüht, seine frühere Anziehungskraft wiederzuerlangen. Als Wintersportzentrum besitzt Oberhof (2000 Ew.) einen hervorragenden Ruf und auch Tradition: 1906 fanden hier das erste Bobrennen auf deutschem Boden statt und 1932 die ersten Zweierbobweltmeisterschaften. Von dem Städtchen aus können Sie im Frühjahr, Sommer und Herbst nach Gutdünken durch den Thüringer Wald streifen, den Wandermöglichkeiten sind keine Grenzen gesetzt. Im Winter bietet die relativ schneesichere Lage gute Aussichten aufs Skilaufen und Rodeln. Auf den Oberhofer Sportanlagen trainieren Olympiasieger und Weltmeister.

SEHENSWERTES

Exotarium Oberhof
Ein Ausflug in die Welt der Reptilien, Amphibien und Insekten. *Im Oberen Hof, tgl. 10–18 Uhr, www.exotarium-oberhof.de*

Rennsteiggarten
Botanischer Garten für Gebirgspflanzen, in dem über 4000 Arten aus nahezu allen Gebirgen der Erde wachsen. Sie sollten ihn zur Hauptblütezeit (etwa von Mitte Juni bis Mitte Aug.) besuchen, Hunde sind nicht erwünscht. *Mai–Sept. 9–18 Uhr, Okt. bis 17 Uhr*

Insider Tipp

Sportanlagen
★ Zwei bedeutende Sprungschanzen befinden sich südlich des Renn-

steigs im Kanzlersgrund. Die *Hans-Renner-Schanze,* die größte Mattenschanze der Welt, sowie die *Schanze am Rennsteig,* die drei verschiedene Anlaufspuren besitzt: Eis, Matte, Keramik. Drei weitere Sprungschanzen liegen am Wadeberg. Zu vielen der alten Oberhofer Sportanlagen führt der historische Sportstätten-Wanderweg. Die Bob- und Rennrodelbahn *(Besichtigung tgl.)* beginnt an der *Tambacher Straße,* sie ist von *Oktober bis Anfang März* vereist. Auf einer Länge von 1113 m werden 14 Kurven durchfahren. Das Biathlonstation am Grenzadler wird gegenwärtig modernisiert, da Oberhof 2004 die Biathlon-Weltmeisterschaften ausrichtet.

MUSEUM

Thüringer Wintersportausstellung
Es soll das umfangreichste Museum dieser Art in Europa sein. Der dem deutschen Bobmeister 1912 übergebene Kronprinzenpokal ist ebenso ausgestellt wie Kleider der Eiskunstläuferinnen Katarina Witt und Christine Errath, mit denen sie Goldmedaillen errangen. *Tgl. 10–17 Uhr, Im Oberen Hof*

ESSEN & TRINKEN

Café-Restaurant Luisensitz
Rustikaler Kaminraum, schickes Rondell-Café, kleiner Wintergarten. Gutbürgerliche Küche und köstlicher Kuchen. *Theodor-Neubauer-Str. 25, Tel. 036842/221 96,* €€

Café Vergissmeinnicht
Probieren sollten Sie die Wildgerichte und die fangfrischen Forellen. *Crawinkler Str. 10, Tel. 036842/223 46,* €€

Zum kleinen Wirtshaus
Tgl. als Spezialität Fondue, am Do Insider Tipp jedoch dreht sich ab 19 Uhr alles um den Thüringer Kloß: Sie sind

Auf den Sprungschanzen am Kanzlergrund trainieren Olympiasieger und Weltmeister – schon 1906 wurden hier die ersten Schanzen errichtet

beim Zubereiten dabei, singen Heimatlieder und schmausen bis zum Sattwerden. *Zellaer Str. 6, Tel. 036842/205 17, €*

ÜBERNACHTEN

Berghotel

Angenehmes Haus in ruhiger Lage mit Sauna, Solarium und Liegewiese. *69 Zi., Theodor-Neubauer-Str. 14, Tel. 036842/270, Fax 271 00, €€*

Treff-Hotel Panorama

Eines der besonders bei Familien beliebten Hotels im Thüringer Wald. In seiner Gestalt soll es zwei Sprungschanzen darstellen. Mit Hallenbad, Solarium, Sauna und Kegelbahn. *380 Zi., Theodor-Neubauer-Str. 29, Tel. 036842/500, Fax 225 54, €€*

FREIZEIT & SPORT

Im Winter gibt es etwa 35 km gespurte Skiwanderwege (Loipen) mit gutem Anschluss an die benachbarten Skiregionen. Neu ist ein rund 800 m langer *Skihang* mit Beschneiungsanlage, auf dem Mi, Fr und Sa zum Nachtfahren bei Flutlicht eingeladen wird. Über die Bob- und Rennrodelbahn führt der ebenfalls neue, 720 m lange *Doppelsessellift*, der pro Stunde 1000 Personen befördert. Das *Panorama-Sportzentrum* neben dem Treff-Hotel bietet ganzjährig Hallentennis, Squash, Badminton und eine 9 m hohe Kletterwand. *Inlineskater* haben ihre Bahn nahe dem Kurpark.

Das Freizeit- und Erlebnisbad Rennsteig-Thermen begeistert mit Schwimmhalle, Felsengrotte, Strömungskanal, 110 m Riesen- und 80 m langer Wildwasserrutsche sowie Saunenwelt. Angenehm sind die Wassertemperaturen von 28 bis 35 Grad.

AUSKUNFT

Oberhof-Information

Crawinkler Str. 2, Tel. 03682/26 90, Fax 269 20, Information@oberhof.de, www.oberhof.de

SCHMALKALDEN

[120 C3] ★ Die Stadt (19 200 Ew.) am Südhang des Thüringer Walds gehört zu den alten, sehenswerten Orten in Thüringen. Selbst aus der Zeit des Schmalkaldischen Bundes, zu dem sich am 31. Dezember 1530 die protestantischen Stände gegen Kaiser Karl V. zusammenschlossen, haben sich Bauwerke erhalten. Am Schmalkaldener Fürstentag 1537 nahm Martin Luther teil. Er wohnte in dem Eckhaus am Lutherplatz, das durch eine bemalte stuckierte Gedenktafel auffällt. Der Stadtkern mit ansehnlichen Fachwerkhäusern, der *Georgenkirche* und dem *Schloss* gilt als hochrangiges Denkmal des Städtebaus und der Architektur. Wenn Sie vom Altmarkt über den Lutherplatz und den Neumarkt bis zum Ende der Weidenbrunner Gasse mit einem Abstecher zum Schloss gehen, haben Sie die wichtigsten Sehenswürdigkeiten Schmalkaldens kennen gelernt, darunter in der Weidenbrunner Gasse das stattlichste Bürgerhaus der Stadt, die viergeschossige *Große Kemenate* aus dem 15. Jh. sowie den *Hessenhof* am Neumarkt, ein prachtvolles Fachwerkhaus, das in den Jahren 1551–53 errichtet wurde.

Zum Jagd- und Sommersitz bestimmt, glänzt Schloss Wilhelmsburg in Schmalkalden mit Terrassengärten und Wasserkunst

SEHENSWERTES

Altmarkt

Im gotischen Rathaus an der Westseite hat der Stadtrat erstmals 1419 getagt, von 1530–44 der Schmalkaldische Bund. Südwärts schließt der Rathausneubau (1901–03) an. Die spätgotische Georgenkirche an der Nordseite mit ihren Netzgewölben im Innern und modernen Glasfenstern gehört zu den schönsten Hallenkirchen Thüringens. Achten Sie auf den Dachreiter der Kirche: Zu jeder vollen Stunde schlägt der Tod mit der Sense nach dem Reifen einer Jungfrau. *Turmbesteigung Mai–Okt. Mi, Sa 11–15 Uhr*

Schaubergwerk Finstertal

Die Strecken- und Querschläge des technischen Denkmals haben eine Länge von 300 m. Die ausgestellten Arbeitsgeräte geben einen Einblick in den einstigen Bergbau dieser Gegend. *Führungen April–Okt. Mi–So 10–17 Uhr (im Ortsteil Asbach)*

Technisches Denkmal Neue Hütte

Der 1924 stillgelegte Hochofen ist der einzige erhalten gebliebene im Osten Deutschlands, in dem auf Holzkohlebasis Roheisen gewonnen wurde. *April–Okt. Mi–So 10–17 Uhr, Gothaer Str. (im Ortsteil Weidebrunn)*

MUSEUM

Museum Schloss Wilhelmsburg

Das einzige hessische Schloss in Thüringen, ein Vierflügelbau, der sich um den quadratischen Hof gruppiert. Landgraf Wilhelm IV. zu Hessen ließ es sich vor 400 Jahren als Jagd- und Sommersitz errichten. In dem repräsentativen Spätrenaissanceschloss dokumentieren gusseiserne Ofenplatten und Öfen die Leistungen des Eisenkunstgusses vom 16. bis zum 20. Jh. Die Renaissanceorgel in der Schlosskirche, die völlig aus Holzpfeifen besteht, soll die älteste spielbare Orgel Mitteleuropas sein. *März–Okt. Di–So 9 bis 17 Uhr, Nov.–Feb. Di–So 10 bis 16 Uhr, Schloßberg 9*

ESSEN & TRINKEN ÜBERNACHTEN

Henneberger Haus
Idyllisch auf einer Anhöhe; zwei Tennisplätze, Sauna, Solarium. Gute Küche. *50 Zi., Notstr. 1, Tel. 03689/650 00, Fax 650 01 99, €€*

Jägerklause
In ruhiger Lage am Waldrand gelegen, zehn Minuten bis zum historischen Stadtzentrum. Serviert wird thüringische Küche. *30 Zi., Pfaffenbach 45, Tel. 03683/60 01 43, Fax 60 45 13, €€*

Zum Schmelztiegel
Pension in einem schmucken Fachwerkhaus mit gemütlichen Gasträumen. *6 Zi., Stiller Tor 19, Tel. 03683/40 31 58, Fax 40 31 58, €*

AM ABEND

Zu den besonderen kulturellen Erlebnissen in Schmalkalden gehören Orgelkonzerte in der Schlosskirche und kammermusikalische Veranstaltungen im Riesensaal und Tafelgemach des Schlosses.

Treffpunkt für junge Leute ist die *Villa K., Pfaffenwiese 2,* die ein vielseitiges Unterhaltungsprogramm bietet.

AUSKUNFT

Tourist-Information
Mohrengasse 1a, Tel. 03683/ 40 31 82, Fax 60 40 14, info@ schmalkalden.de, www.schmalkalden.de

ZIELE IN DER UMGEBUNG

Altensteiner Höhle **[120 C2]**
Die begehbaren Höhlenwege haben eine Länge von 300 m. Wer ein Höhlenkonzert besucht, muss jedoch nur 130 m bis zum Musikplatz laufen. Selbst an heißen Sommertagen empfiehlt es sich, warme Kleidung zu tragen: Die Lufttemperatur in der Karsthöhle in Schweina beträgt nur etwa 9 Grad. *Mai–Okt. Mo–Fr 10–16 Uhr, Sa, So bis 17 Uhr, Nov.–April Do geschl. 20 km von Schmalkalden*

Bad Liebenstein **[120 C2]**
Im ältesten und größten Heilbad Thüringens, in dem Herz- und Kreislauferkrankungen behandelt werden, kurten schon Goethe und die Herzöge von Sachsen-Weimar und Sachsen-Meiningen. Aus der Gründungszeit des Bades zu Beginn des 19. Jhs. stammt z. B. der Brunnentempel vor dem Kurtheater. Gutes Essen zu akzeptablen Preisen gibt es im *Gasthaus Klosterbräu (11 Zi., Inselsbergstr. 6, Tel. 036961/75 20, Fax 752 11, €)*. Neben der Burgruine Liebenstein steht in 465 m Höhe ein Aussichtsturm. *15 km von Schmalkalden*

Luther-Gedenkstätten
Am 14. Mai 1521 fand ein spektakulärer Überfall statt: Martin Luther, mit Reichsacht und Kirchenbann belegt, wurde auf der Rückreise vom Reichstag in Worms zum Schein überfallen. Der Kurfürst von Sachsen brachte ihn auf die Wartburg. An der Straße Bad Liebenstein–Ruhla **[120 C2]** weist ein Schild zum Luther-Denkmal, das seit 1857 an der Überfallstelle steht. In Möhra **[120 B2]** wurde das Denkmal dort errichtet, wo Luther

am 4. Mai 1521 gepredigt haben soll. Das Haus *Lutherplatz 2* gilt als das Stammhaus der seit dem 14. Jh. in Möhra nachweisbaren Familie Luther. In der nahen Kirche wird eine kleine Luther-Ausstellung gezeigt *(tgl. 9–18 Uhr).*

Trusetal **[120 C2]**
50 m tief stürzt das Wasser über Granitfelsen in die Tiefe – ein reizvolles Schauspiel, auf das im Winter jedoch verzichtet werden muss. Denn der wildromantische Wasserfall am Ortsausgang in Richtung Brotterode, 1865 künstlich angelegt, wird von November bis zum April abgestellt. Insider Tipp 200 Stufen führen links neben dem »kleinen Niagara« steil nach oben. Sie sollten im Winter wegen Rutschgefahr nicht betreten werden. Oberhalb des Parkplatzes der *Zwergenpark (Mitte April–Okt. tgl. 9.30–17 Uhr),* eine 5000 m^2 große Gartenanlage mit rund 1000 Gartenzwergen und einer Schienenelektrobahn. Das *Besucherbergwerk Grube Huhn (Führungen März–Okt. tgl. 10–17 Uhr, Dauer 60 Min.)* gewährt Einblicke in die über 800-jährige Erzbergbaugeschichte der Region. *11 km von Schmalkalden*

SUHL

[121 D4] Wahrzeichen der Stadt (51 000 Ew.) ist das Denkmal des Waffenschmieds auf dem Marktplatz. Denn die von Bergen, Wäldern und Tälern umgebene Stadt wurde durch die Herstellung von Jagd- und Sportwaffen bekannt. »Waffenkammer Europas« wurde Suhl während des Dreißigjährigen Krieges genannt. Zahlreiche in Suhl gefertigte Waffen, einst Prunkstücke königlicher Hofjagden, können in Museen von Moskau, Paris, Prag und Dresden bewundert werden. Historische Atmosphäre hat sich am Steinweg erhalten, an dessen südlichem Ende die barocke *Kreuzkirche* steht. Sie wurde 1731–39 als Saalbau mit dreigeschossigem Turm entworfen. Am nördlichen Ende (etwas entfernt vom Steinweg) kann man einen Blick in die spätgotische *Marienkirche* (erbaut 1487–91) werfen. Der Steinweg erhielt seinen Namen, weil er die erste Pflasterstraße der Stadt war. Besonders reizvoll hier das Rokokohaus Nr. 26, das reich verziert ist. Um den Bahnhof herum haben sich schöne Fachwerkhäuser aus dem beginnenden 18 Jh. erhalten.

Der »kleine Niagara« in Trusetal

SEHENSWERTES

Tierpark
In einem idyllischen Wiesental gelegen, mit über 600 Tieren in mehr als 130 Arten. Die Besonderheit: Der Tierpark hat sich auf die Haltung von europäischen Haus- und Wildtieren spezialisiert. Das Vivarium beherbergt eine kleine Sammlung von Exoten. *Okt.–März 9–16.30 Uhr, April–Sept. 9–18 Uhr*

MUSEEN

Fahrzeugmuseum
Die Geschichte des Suhler Fahrzeugbaus von 1896 bis zur Gegenwart. *April–Sept. Di–So 9–17 Uhr, Okt.–März Di–So 10–16 Uhr, Meininger Str. 222*

Waffenmuseum
Spezialmuseum zur Geschichte der Handfeuerwaffen im wunderschönen einstigen Malzhaus von 1663. *April–Okt. Di–So 9–17 Uhr, Nov.–März bis 16 Uhr, Feiertage 10 bis 16 Uhr, Friedrich-König-Str. 19*

ESSEN & TRINKEN

Goldener Hirsch
In dem historischen Gasthaus werden regionaltypische Gerichte serviert. *An der Hasel 91, Tel. 03681/795 90,* €

Zum Aspen
Französisch orientierte Küche, die sehr schmackhaft ist. *Friedrich-König-Str. 7 (im Congress Centrum), Tel. 03681/78 82 11,* €€€

Zum Rasselbock
Umfangreiche Karte mit vielen landestypischen Gerichten. *Ringberg 10 (im Ringberg-Hotel), Tel. 03681/38 90,* €€

ÜBERNACHTEN

Am Markt
Familiengeführte Pension in zentraler und trotzdem ruhiger Lage. *16 Zi., Pfarrstr. 20, Tel. 03681/397 50, Fax 39 75 39,* €

Hotel Thüringen
Niveauvolles Haus im Zentrum. *124 Zi., Platz der Deutschen Einheit 2, Tel. 03681/76 76, Fax 72 43 79,* €€

Ringberg Resort Hotel
Kinderfreundliches Familienhotel hoch über der Stadt auf dem 745 m hohen Ringberg. In ruhiger Lage mit phantastischem Blick. Das Hotel hat Hallenbad, Saunalandschaft und Kegelbahn. *290 Zi., Ringberg 10, Tel. 03681/38 90, Fax 38 98 90,* €€–€€€

FREIZEIT & SPORT

Das tgl. geöffnete *Ottilienbad* im Congress Centrum Suhl, *Friedrich-König-Str. 7,* wartet mit einer großzügigen Badelandschaft und einem Fitnessbereich auf. Jeden Fr wird zum Warmbaden geladen, die Wassertemperatur beträgt dann angenehme 32 Grad. Der 1. Fr im Monat ist ab 18 Uhr für die FKK-Anhänger reserviert. Das durch Europa- und Weltmeisterschaften bekannte Schießsportzentrum auf dem Friedberg kann man besichtigen und unter Anleitung erfahrener Trainer auch nutzen. Vergabe der Schießzeiten nach vorheriger Anmeldung: *Tel. 03681/88 40, Fax 88 44 14*

AUSKUNFT

Tourist-Information
Friedrich-König-Str. 7 (im Congress Centrum), Tel./Fax 03681/72 00 52, tourist-information-suhl@t-online.de, www.suhl.com

ZIELE IN DER UMGEBUNG

Bergsee Ratscher **[121 E4]**
Baden mit und ohne! Die größte angestaute Wasserfläche Südthüringens bietet Freizeitspaß für die ganze Familie. Ruderboot- und Tretbootverleih, 84 m lange Wasserrutsche. *(Tgl. Mai bis Anf. Okt., Tel. 036841/400 14) 25 km von Suhl*

Biosphärenreservat Vessertal **[121 D–E 3–4]**
Viel Wald, Bergwiesen, Hochmoore und zahlreiche Fließgewässer bestimmen den Charakter des Vessertals, das zum weltweiten Biosphärenreservat-Programm der Unesco gehört. In dem rund 17 000 ha großen Schutzgebiet mit einer starken Relief- und Höhengliederung konnten 92 Brutvogelarten nachgewiesen werden. Auf dem 849 m hohen Adlersberg steht ein Aussichtsturm. *10 km von Suhl*

Bunkermuseum Frauenwald **[121 E4]**
Wenige Schritte vom Rennsteig entfernt, bei dem kleinen Dorf Frauenwald, hatte sich die Staatssicherheit der DDR in die Erde gewühlt. Die ehemalige militärische Nachrichten- und Befehlsanlage, in der ein Überleben bis zu einem Jahr möglich gewesen wäre, kann besichtigt werden. *Führungen (Dauer 50 Min.) tgl. 11, 12, 14, 16 Uhr.* Daneben das *Waldhotel Rennsteighöhe (7 Zi., 5 Bungalows und Restaurant, Tel. 036782/622 00, Fax 622 01, €€, www.waldhotel-rennsteighöhe.de. 18 km von Suhl*

Masserberg **[121 E4]**
Das *Badehaus Masserberg* bietet 30 Grad warmes Wasser in den Schwimmbecken, Strömungskanal, Sprudel- und Massageliegen, Saunen und das Sole-Außenbecken mit 32 Grad. Daneben das *Hotel Rennsteig (92 Zi., Tel. 036870/80, Fax 83 88, €€).* Einer der Wanderwege führt zur Werra-Quelle am Zeupelsberg, ein anderer zum Aussichtsturm auf dem 841 m hohen Eselsberg südöstlich des Ortes. *33 km von Suhl*

Naturtheater Steinbach-Langenbach **[121 E4]**
3000 Plätze bietet das 1957 eingeweihte Naturtheater in idyllischer Lage. Gespielt wird von Pfingsten bis Ende August, das Programm reicht von Volksmusik über Operette bis zum Rock. *25 km von Suhl*

Schleusingen **[121 D4]**
Über Flora, Fauna und Geologie Thüringens informiert das *Naturhistorische Museum Schloss Bertholdsburg (Di–Fr 9–17 Uhr, Sa, So 10–18 Uhr).* Die Burg (östlich der B 4 bei Schleusingen) war ständiger Wohnsitz der Grafen von Henneberg, vom Turm haben Sie eine schöne Aussicht. Schleusingen (6000 Ew.) schmückt sich mit wunderbar erhaltenen Fachwerkbauten. Am Ufer des Langen Teiches, von alten Bäumen umgeben, weckt Sie am Morgen Entengeschnatter im *Hotel Haus am See (23 Zi., Am Langen Teich 3, Tel. 036841/33 70, Fax 337 37, €). 14 km von Suhl*

Land der nahen Ferne

Wanderwege führen zu kunstvollen Fachwerkhäusern und Kirchen

Nur wenige Bäume bedecken die lang gestreckten Höhenzüge der herben Thüringischen Rhön. »Land der nahen Ferne« wird das niederschlagsreiche Gebirge genannt, in dem langgezogene, weiße Nebel im Frühjahr und Herbst häufig sind. Zwischen dem Thüringer Wald und der Rhön fügt sich das alte, traditionsreiche Meiningen ins Werratal, die Hänge rücken hier dicht zueinander. Ungehindert können von den meisten Bergen die Blicke über das Schnitzerland schweifen. Diesen Namen haben hübsche geschnitzte Gebrauchsgegenstände und kleine Holzfiguren begründet. Die schönste Aussicht hat man von dem 751 m hohen Gebaberg nördlich von Helmershausen, über den der Rhönwanderweg von Bad Salzungen nach Meiningen führt. Beide Städte liegen an der Werra, die 171 km durch Südwestthüringen fließt. Auch beiderseits dieses Flusses gibt es etliche Aussichtspunkte, von denen sich herrliche Blicke auf das reizvolle Land bieten.

Im Gegensatz zum schlichten Äußeren steht der Prunk vieler Innenräume im barocken Schloss Elisabethenburg in Meiningen

BAD SALZUNGEN

[120 B2] Solevorkommen haben die Stadt (18 000 Ew.) im weiten Tal der Werra zum Kurort werden lassen, in dem Atemwegserkrankungen behandelt werden. In der DDR-Zeit dehnte sich die Stadt durch Neubaugebiete enorm aus, der Altstadtbereich jedoch hat sein historisches Gepräge behalten.

Wenige Schritte sind es vom Marktplatz mit dem barocken Rathaus von 1790 und zahlreichen Geschäften zum Burgsee, einem durch Erdfall entstandenen Gewässer, um das ein Promenadenweg führt. Die im Zweiten Weltkrieg zerstörte Husenkirche auf dem Friedhof an der Leimbacher Straße blieb als Mahnmal stehen; vor dem Hauptportal dieses Gotteshauses sollen die Eltern von Martin Luther getraut worden sein.

SEHENSWERTES

Gradiergarten
Das architektonisch interessante Bauensemble wurde hübsch restauriert. Den Blickpunkt bilden die beiden Gradierwerke, in denen die Sole über Schwarzdornreisiggeflecht

rieselt und zerstäubt. Wer Lust hat, Insider Tipp mit einem Schutzmantel ausgestattet die gesunde, salzhaltige Luft einzuatmen, meldet sich am Eingang. *Mai–Sept. tgl. 8–19 Uhr, Okt.–April bis 17 Uhr*

ESSEN & TRINKEN

Café Bein
Köstlich schmeckt der warme Apfelstrudel mit Vanillesoße oder Sahne. *Am Markt 4, Tel. 03695/ 60 32 12*

Ratskeller
Im alten Kellergewölbe des Rathauses; Schmackhafte Schlachterspezialitäten. *Am Markt 1, Tel. 03695/ 62 20 83, €*

ÜBERNACHTEN

Jugendherberge
Am südlichen Stadtrand neben dem Freibad. *63 Betten, 4 Familienzi., Kaltenborner Str. 70, Tel. 03695/62 22 08, Fax 62 88 33, €*

Salzunger Hof
Gegenüber dem Bahnhof gelegener Neubau mit Sauna und Solarium. Restaurant im sogenannten Rhönstil, schmackhafte Küche. *72 Zi. und 10 Ferienwohnungen (neben dem Hotel), Bahnhofstr. 41, Tel. 03695/67 20, Fax 60 17 00, €€*

FREIZEIT & SPORT

★ Im neuen, tgl. geöffneten *Keltenbad (Am Flößgraben 1)* wird eins der Becken mit 15-prozentiger Sole gespeist. Die sorgt für so viel Auftrieb, dass die Gäste wie im Toten Meer bewegungslos an der Oberfläche treiben.

AUSKUNFT

Kurverwaltung
Am Flößrasen 1, Tel. 03695/ 69 34 20, Fax 69 34 21, kur.basa@t-online.de, www.badsalzungen.de

ZIELE IN DER UMGEBUNG

Biosphärenreservat Rhön [120 A–B 3–4]
Naturfreunde werden in Entzücken verfallen, denn in dem Biosphärenreservat wachsen noch Silberdistel und andere vom Aussterben bedrohte Pflanzen. Die von geduldiger Menschenhand geschaffene Kulturlandschaft mit Feuchtwiesen, Hochmooren, Kalkmagerrasen und Blumenwiesen wurde von der Unesco zum Biosphärenreservat erklärt, damit sich auch noch kommende Generationen daran erfreuen können.

Wanderungen durch den zur Thüringischen Rhön gehörenden 480 km^2 großen Teil des Schutzgebietes empfehlen sich von Vacha, Dermbach und Kaltensundheim aus. *20 km von Bad Salzungen*

Dermbach [120 B3]
Der Rhönpaulus, der Robin Hood dieser Gegend, musste 1780 am Galgen sterben. Der Kasten, in dem er angeblich zur Hinrichtung transportiert wurde, befindet sich im *Rhönmuseum (März–Okt. Di–Sa 9 bis 17, So 14–17 Uhr, Nov.–Feb. Di–Sa 9–17 Uhr, Kirchberg 5)*. Beachtenswert sind die beiden Kirchen des Ortes (3400 Ew.): die katholische mit mehreren Altären aus der Erbauungszeit im 18. Jh. und die evangelische mit einer kostbaren Barockausstattung. *20 km von Bad Salzungen*

Erlebnisbergwerk Merkers **[120 B2]**

★ Ausgestattet mit Overall, Schutzhelm und Grubenleuchte bringt Sie der Förderkorb in eine Tiefe von 500 m, wo es im Jeep auf die 25 km lange Rundfahrt geht, die auch zur Salzkristallgrotte – einem Wunder der Natur – in 750 m Tiefe führt. Am Ende des Zweiten Weltkriegs hatten die Nationalsozialisten den Goldschatz der Reichsbank in Merkers eingelagert, darüber wird mittels Laserprojektionstechnik informiert. Im *Bergbaumuseum* sind Sachzeugen des Bergbaus an der Werra zu besichtigen. *Führungen tgl. 9.15, 13.15 Uhr (die telefonische Anmeldung ist empfehlenswert), Tel. 03695/ 61 41 01, Fax 61 24 72, www. kali-salz.de, 10 km von Bad Salzungen*

Vacha **[120 A2]**

Das Prunkstück der Stadt Vacha (4000 Ew.) ist das 400 Jahre alte Fachwerkhaus Widemark am lang gestreckten Markt, das als Rathaus dient. Überregionale Bedeutung besitzt die aus etwa 2000 Exponaten bestehende Puppensammlung im Museum *Burg Wendelstein (Di–Fr 10–17 Uhr, Sa, So, Feiertag 14–17 Uhr)* Die schon 1342 erbaute und zwischen 1802 und 1806 erneuerte Brücke über die Werra besitzt 14 Bögen. Fast vier Jahrzehnte lang lag sie im deutsch-deutschen Todesstreifen und durfte während dieser Zeit nur von den DDR-Grenztruppen betreten werden. *15 km von Bad Salzungen*

MEININGEN

[120 C4] An einer schmalen Stelle des Werratals entstand Meiningen (22 500 Ew.), das Tor von und nach Franken. Die Herzöge von Sachsen-Meiningen prägten das Gesicht der an kulturellen Traditionen reichen Stadt. Sie hinterließen Schloss Elisabethenburg, das Kleine und das Große Palais und das Theater. Es ist der Nachfolgebau jenes

MARCO POLO Highlights »Rhön und Werratal«

★ **Erlebnisbergwerk Merkers**
Mit Overall, Schutzhelm und Grubenleuchte in einen Kalischacht nahe Bad Salzungen einfahren (Seite 67)

★ **Hennebergisches Museum**
Auf dem Gelände des Klosters Veßra wurden historische Gebäude aus südthüringischen Dörfern aufgebaut (Seite 70)

★ **Keltenbad**
Wie im Toten Meer auch in Bad Salzungen bewegungslos an der Oberfläche treiben (Seite 66)

★ **Schloss Elisabethenburg**
Prunkvolle Innenräume mit historischem Mobiliar im Dreiflügelschloss in Meiningen (Seite 68)

Im Pfaffenrath'schen Haus befand sich bis zum 19. Jh. die Posthalterei

Theaters, in dem die seinerzeit berühmte Hofkapelle mit Hans von Bülow, Richard Strauss und Max Reger am Pult spielte und in dem Herzog Georg II. seine stilbildenden Inszenierungen auf die Bühne brachte. Das kleine thüringische Meiningen, im Mittelalter als Fränkische Pforte bezeichnet, war eine in Europa bekannte Kulturstadt, heute ist es das kulturelle Zentrum Südwestthüringens.

SEHENSWERTES

Englischer Garten

Den Park im englischen Landschaftsstil zieren Denkmäler für Jean Paul, Johannes Brahms und Max Reger. Ludwig Bechstein, dem Märchen- und Sagensammler, ist der Märchenbrunnen gewidmet. Auf einer kleinen Anhöhe bekam die in neogotischen Formen errichtete Fürstengruft ihren Platz.

Fachwerkhäuser

In der Altstadt erfreuen hübsche Fachwerkhäuser das Auge. Besonders schön gelungen sind: Büchner'sches Hinterhaus von 1596, *Georgstr. 20;* Schlundhaus von 1906 (Nachbau des Erkers von 1597), *Schlundgasse 2;* Pfaffenrath'sches Haus aus der Zeit um 1600, *Ernestiner Str. 14;* Baumbachhaus von 1779, *Burggasse 22*

Theater

Monumentaler Bau von 1908–09 mit offener korinthischer Säulenhalle, Freitreppe und der Inschrift am großen Giebel: »Georg II. Dem Volke zur Freude und Erhebung«. Im Foyer und in der Eingangshalle stehen ein dutzend Marmorbüsten bedeutender Komponisten und Dichter. *Bernhardstr. 5*

MUSEEN

Baumbachhaus

Das Literaturmuseum stellt Schriftsteller und Literaten vor, die in der Zeit vom 18. bis zum 20. Jh. im Raum Meiningen gelebt haben. In dem Haus verbrachte der 1905 verstorbene Dichter Rudolf Baumbach seinen Lebensabend, der Texter des heute noch gesungenen Volksliedes »Hoch auf dem gelben Wagen«. *Mai–Sept. Di–So 10–18 Uhr, Okt. bis April bis 17 Uhr, Burggasse 2*

Schloss Elisabethenburg

★ Die reichhaltigste und thematisch vielseitigste Ausstellung Thüringens, darunter Theaterdekorationen der »Meininger«, das originale Arbeitszimmer von Max Reger (der von 1911 bis 1914 die Meininger Hofkapelle leitete) sowie Räume mit historischem Mobiliar. Das barocke Dreiflügelschloss war bis 1918 Residenz der Herzöge von Sachsen-Meiningen. Im Gegensatz zum schlichten Äußeren steht der Prunk vieler Innenräume. *Mai bis Sept. Di–So 10–18 Uhr, Okt. bis April bis 17 Uhr*

Theatermuseum »Zauberwelt der Kulisse«.
In der einstigen Reithalle von 1797 werden originale Bühnendekorationen und Kostüme aus der Hochzeit des illusionistischen Theaters mit bühnengerechter Ausleuchtung und Videovorführungen gezeigt. *Vorführungen: Di–So 11, 14, 16 Uhr, Am Schlossplatz*

ESSEN & TRINKEN

Henneberger Haus
Leichte und frische Küche, gemütliches Gründerzeitambiente. *Georgstr. 2, Tel. 03693/411 16,* €€

Posthalterei
Gehobene internationale Küche mit frischen Produkten. *Georgstr. 1 (im Hotel Sächsischer Hof). Tel. 03693/45 70,* €€€

Rokoko-Café
Leckerere Torten gibt es in dieser Region nirgendwo anders. *Ernestiner Str. 9 (im Hotel Ernestiner Hof)*

Turmcafé Hessensaal
Ein wunderschönes Barockcafé, in dem feine Torten angeboten werden. *Schloss Elisabethenburg*

ÜBERNACHTEN

An der Kapelle
Jugendstilhaus in der Fußgängerzone. Atmosphäre hat die Weinstube im Gewölbekeller. *22 Zi., Anton-Ulrich-Str. 19, Tel. 03693/449 20, Fax 47 01 74,* €

Romantik Hotel Sächsischer Hof
Das schön restaurierte Haus am Eingang der Altstadt ist Meiningens erste Adresse. *40 Zi., Georgstr. 1, Tel. 03693/45 70, Fax 45 74 01,* €€€

FREIZEIT & SPORT

Das beheizte Freibad *Rohrer Stirn* hat von *Anfang Mai bis Sept. tgl.* geöffnet und bietet in allen Becken Wassertemperaturen von 26 Grad.

AM ABEND

Das *Südthüringische Staatstheater, Bernhardstr. 5,* setzt als Mehrspartentheater die vom »Theaterherzog« Georg II. begründete Tradition fort. Ein musikalischer Hochgenuss sind die Konzerte, die im *Konzertsaal Johannes Brahms* in der ehemaligen Schlosskirche gegeben werden.

AUSKUNFT

Tourist-Information
Bernhardstr. 6, Tel. 03693/446 50, Fax 44 65 44, info@meiningen.de, www.meiningen.de

ZIELE IN DER UMGEBUNG

Bad Colberg-Heldburg [121 D6]
Kleinstadtidylle (2400 Ew.) mit vielen Fachwerkhäusern und auf hohem Fels wie ein Märchenschloss thronend die Veste Heldburg

(April–Okt. Di–So 10–18 Uhr, Nov.–März bis 17 Uhr). 53 km von Meiningen

Bauerbach **[120 C4]**
1782 musste Friedrich von Schiller vor dem Herzog von Württemberg fliehen. Zuflucht fand er im Wohnhaus des Ritterguts Bauerbach, in dem er am »Don Carlos« schrieb und »Kabale und Liebe« vollendete. Das Arbeitszimmer des Dichters ist im Originalzustand erhalten geblieben. *April–Okt. Mi–So 9–17 Uhr, Nov.–März bis 16 Uhr, 14 km von Meiningen*

Bibra **[120 C5]**
Die kleine spätgotische Dorfkirche birgt wahre Schätze. Die Schreine des Apostelaltars, des Verkündigungsaltars sowie die Konsolfiguren im Chor entstanden Anfang des 16. Jhs. in der Würzburger Werkstatt des Tilman Riemenschneider. *15 km von Meiningen*

Eisfeld **[121 E5]**
Eine Holzpferdeschnitzwerkstatt, Töpferei, Holzstabweberei und die letzte Märbelmühle Südthüringens sind im *Museum Otto Ludwig* (*Di–Fr 10–17 Uhr, Sa 13–17 Uhr, So 10–12, 13–17 Uhr*) zu sehen, das auch einen Konzertsaal beherbergt. Das Museum befindet sich im Schloss von Eisfeld (6000 Ew.). In Effelder, 15 km weiter auf der B 89, steht eine der Tanzlinden, auf der noch oft im Jahr getanzt wird. *55 km von Meiningen*

Hennebergisches Museum **[121 D4]**
★ Meist »zugezogene« Gebäude aus der ehemaligen Grafschaft Henneberg: Wassermühle, Bauernhäuser, Schmiede, Dorfbackhaus, Bienenhäuschen. Das Freilichtmuseum befindet sich auf dem Gelände des mittelalterlichen Klosters Veßra, von dem es noch romanische und gotische Gebäude sowie

Fachwerkidyll im Freilichtmuseum auf dem Gelände des Klosters Veßra

Rutschpartie auf Kunststoffreifen

Snow-Tubing – die modernste Art des Rodelns

Auf großen roten und blauen Reifen kann man seit dem Winter 2002 am Berg Ellenbogen in der Thüringischen Rhön (südwestlich von Kaltennordheim) und in dem kleinen Siegmundsburg im Thüringer Wald den Skihang runtersausen. Die Reifen aus speziellem Kunststoff mit glatter Bodenfläche ermöglichen rasante Abfahrten. Steuern ist nicht möglich, Begrenzungsbanden sorgen dafür, dass keiner über die Bahn hinausschießt. Sportliche Fähigkeiten sind nicht erforderlich, Kinder und Erwachsene können die Fahrt wagen. Snow Tubes heißen diese Gaudirutschen, die in den Wintersportgebieten der USA bereits seit einiger Zeit der große Hit sind.

die 1939 ausgebrannte Kirche gibt. *April–Sept. Di–So 9–18 Uhr, Okt. bis März bis 17 Uhr, 20 km von Meiningen*

Hildburghausen **[121 D5]**
Der 15 m hohe *Aussichtsturm* auf dem 496 m hohen Stadtberg von Hildburghausen (12 000 Ew.) bietet weite Blicke ins Land. Zu DDR-Zeiten war der Stadtberg nicht zugänglich, die Sowjetarmee nutzte ihn für die Luftraumüberwachung. Originelle Exponate zeigt *Trützschlers's Milch- und Reklamemuseum, Knappengasse 26, Di–Fr 9.30–16.30, Sa, So 13.30–16.30 Uhr. 42 km von Meiningen*

Römhild **[120 C5]**
Auf dem Kleinen Gleichberg gibt es das größte vorgeschichtliche Bodendenkmal Thüringens: eine über 2000 Jahre alte keltische Burganlage. Das *Steinsburgmuseum (tgl. 9–17 Uhr, Tel. 036948/205 61)* am Fuße des Berges (an der Straße nach Hildburghausen) organisiert nach Voranmeldung Führungen (Dauer 2–3 Std). Vom Kleinen Gleichberg (642 m) und dem Großen Gleichberg (679 m) erwartet Sie bei klarer Sicht ein weiter Blick. *18 km von Meiningen*

Wasungen **[120 C3]**
Die Fachwerkhäuser in dem Städtchen (4000 Ew.) werden auch Sie begeistern. Der gesamte Altstadtkern steht unter Denkmalschutz. Als schönste Gebäude von Wasungen gelten das ehemalige Damenstift von 1596 und das spätgotische Rathaus am Markt. Wasungen ist Thüringens Karnevalshochburg, zum Umzug am Samstag vor Rosenmontag kommen tausende von Zuschauern. Von der Burg Maienluft auf dem Schlossberg bieten sich reizvolle Blicke ins Land. Im *Burgrestaurant* mundet die thüringische Küche, zauberhaft, im Biergarten zu sitzen. *Tel. 036941/78 40, €€. 10 km von Meiningen*

BERGBAHN

Kunst und Kultur in altem Gemäuer

Städte mit klangvollen Namen und erlebnisreicher Geschichte

Altenburg, Gera, Greiz und Rudolstadt waren einst Residenzstädte Thüringer Mini-Fürstentümer. Die Regenten schmückten sich gern mit Kunstschätzen, um Macht und Reichtum zu dokumentieren. Kunstfreunde dürften überrascht vor den Schätzen stehen, die in alten Gemäuern dieser Städte aufbewahrt werden. Jena erlangte durch die feinmechanisch-optischen Erzeugnisse mit dem Namen Carl Zeiss und das feuerfeste Jenaer Glas Weltruhm, Saalfeld machte durch Kupfer- und Silberbergbau von sich reden. Doch auf den Bergbau sollten Sie in dieser Ecke Thüringens nicht zu sprechen kommen. Denn zwischen Gera und Ronneburg verunstalten riesige Abraumhalden die Landschaft. Sie wurden vom Bergbaubetrieb Wismut hinterlassen, der hier zu DDR-Zeiten von 1950 bis 1990 für die damalige Sowjetunion Uranerz förderte. Nordwestlich von Altenburg hat der seit 1900 betriebene Braunkohletagebau die Landschaft geschädigt. Doch die schönen Regionen überwiegen: In das Thüringer Schiefergebirge sind tiefe Täler eingeschnitten, von denen das Schwarzatal zwischen Schwarzburg und Bad Blankenburg und das Saaletal von Blankenstein bis Saalfeld zu den schönen Flusstälern in Deutschland gehören. Skatfreunde dürften zur Pleisse nach Altenburg eilen, wo das Skatspiel erfunden wurde.

Vom Schwarzatal aufs Schiefergebirge. 320 m Höhenunterschied bewältigt die Oberweißbacher Bergbahn

Wappen im Saalfelder Rathauserker

ALTENBURG

[119 E–F5] Der Skatbrunnen im Zentrum von Altenburg (44 000 Ew.) soll der einzige der Welt sein, der diesem beliebten Kartenspiel gewidmet ist. Leidenschaftliche Skatspieler, so erzählt man sich, würden ihre Karten nachts in das Brunnenwasser tauchen, um beim nächsten Turnier Glück zu haben.

Das Altenburger Schloss mit spätgotischer Schlosskirche ist ein Architekturensemble aus neun Jahrhunderten

Das Skatspiel soll zwischen 1810 und 1818 in Altenburg entstanden sein. Seit 2002 tagt in der Stadt das Internationale Skatgericht. Wahrzeichen der Stadt an der Pleiße sind die Roten Spitzen, die jedoch nichts mit dem Skat zu tun haben. Die beiden Backsteintürme sind die Reste einer 1172 geweihten Klosterkirche. Entspannung und Erholung pur bieten Spaziergänge durch den Schlosspark oder um den Großen Teich.

SEHENSWERTES

Schloss und Park

In einem Zeitraum von neun Jahrhunderten entstand dieses beeindruckende Architekturensemble, von dem der Hausmannsturm bestiegen werden kann. Auf der Trost-Orgel in der 500 Jahre alten Schlosskirche hat 1739 Johann Sebastian Bach gespielt. Peter Joseph Lenné gestaltete 1826 den sehenswerten Schlosspark.

MUSEEN

Lindenau-Museum

Kostbarster Besitz sind rund 180 italienische Tafelbilder des 13. bis 16. Jhs.; die Sammlung von über 400 griechischen und etruskischen Tongefäßen des 7. bis 2. Jhs. v. Chr. gehört zu den besonders wertvollen. Außerdem: Malereien und Plastiken vom 17. bis zum 20. Jh. *Di–So 10–18 Uhr, Gabelenzstr. 5*

Schloss- und Spielkartenmuseum

Zu sehen sind Spielkarten aus fünf Jahrhunderten, ostasiatisches und Meißner Porzellan, sakrale Kunst, Teile der Rüstkammer und eine Ausstellung zur Stadtgeschichte *(Di–So 10–17 Uhr, zu jeder vollen Stunde Führungen in die Festräume und in die Schlosskirche, Schloss)*. Insider Tipp Sonderführungen in die Fürstengruft und den Geheimgang jeden So 10.30 Uhr nach vorheriger Anmeldung, *Tel. 03447/31 51 93*

ESSEN & TRINKEN

Altenburger Riebeck-Bräu-Stübl
Hier bekommen Sie regionale Küche, meist wird auch ein zünftiger Skat gedroschen bei dem jeder Kundige mitspielen darf. *Am Rossplan 9 (im Hotel Am Rossplan), Tel. 03447/ 566 10, €€*

Ratskeller
Von Sept. bis Nov. werden frische Pilze und viel Wild serviert, von Sept. bis Mai jeden 1. und 3. Fr im Monat Köstliches aus Meer und Seen. *Markt 1, Tel. 03447/ 31 12 26, €€*

ÜBERNACHTEN

Astor
Im Stadtzentrum nahe dem Hauptbahnhof. *89 Zi., Bahnhofstr. 4, Tel. 03447/58 70, Fax 58 74 44, €€*

Treppengasse
Ruhig gelegen und gepflegt ist diese Hotelpension garni. *13 Zi., Treppengasse 5, Tel./Fax 03447/ 31 35 49, €*

FREIZEIT & SPORT

Die *Altenburger Skatschule (Friedrich-Ebert-Str. 14, Tel. 03447/ 55 18 38, Fax 31 12 81, www.altenburg-tourismus.de)* organisiert Skatkurse für Anfänger und Fortgeschrittene oder kombiniert das Spiel mit individuellen Rahmenprogrammen. Am *Großen Teich* können Boote gemietet werden.

Insider Tipp

AM ABEND

Theaterrequisiten, originale Theatersessel, Veranstaltungen und nette Leute bietet abends die *Kulisse (Fr, Sa bis 3 Uhr, Theaterplatz*

MARCO POLO Highlights »Saale, Elster und Pleisse«

★ **Bleilochtalsperre**
Baden, segeln, surfen, angeln und wandern auf und an Deutschlands größtem Stausee (Seite 90)

★ **Deutsches Spielzeugmuseum**
Die 72 m^2 große Schaugruppe »Thüringer Kirmes« erfreut nicht nur Kinder in Sonneberg (Seite 93)

★ **Feengrotten**
Eine farbenprächtige Märchenwelt unter Tage in Saalfeld (Seite 88)

★ **Oberweißbacher Bergbahn**
Lassen Sie sich vom Schwarzatal auf die Höhen des Thüringer Schiefergebirges ziehen (Seite 87)

★ **Deutsch Deutsches Museum Mödlareuth**
Reminiszenz an die deutsch-deutsche Teilung (Seite 90)

★ **Zeiss-Planetarium**
9000 Sterne erstrahlen im ältesten Planetarium der Welt in Jena (Seite 82)

18). Das *Landestheater (Theaterplatz 19)* ist ein Mehrspartentheater. Konzerte finden im *Bach-* und im *Festsaal* des Schlosses statt, Orgel- und Chorkonzerte sind von *Mai bis Okt.* in der *Schlosskirche* zu hören.

AUSKUNFT

Fremdenverkehrsamt
Moritzstr. 21 (Eingang Kornmarkt), Tel. 03447/194 33, 59 41 74, Fax 59 41 79, presse.altenburg.de@t-online.de, touristik@stadt-altenburg.de, www.stadt-altenburg.de

ZIELE IN DER UMGEBUNG

Museum Burg Posterstein **[119 E6]**
Die vom Mittelalter bis ins 17. Jh. hinein zum Wohnschloss umgebaute Burg gehört zu den kleinen in Thüringen. Weithin sichtbar ist der 25 m hohe ☀ Bergfried mit seinen 3 m starken Mauern. Das Museum zeigt Ausstellungen zur regionalen Geschichte. *Di–Sa 10–17 Uhr, So 10–18 Uhr, 30 km von Altenburg*

Technisches Museum Zechau **[119 E5]**
Die Brikettfabrik in Zechau, von 1898 bis 1991 in Betrieb, wurde als dokumentarischer Zeitzeuge ein technisches Museum. *Zu erreichen über die Verbindungsstraße Rositz–Zechau. Führungen Di–So 10 bis 16 Uhr, 10 km von Altenburg*

GERA

[123 D1–2] Im Tal der Weißen Elster zieht sich die zweitgrößte Stadt Thüringens (118 000 Ew.) hin, die bis 1918 Residenz des Mini-Fürstentums Reuß jüngere Linie war. Erhaltene Zeugen von vier Jahrhunderten preußischer Herrschaft sind der Küchengarten mit der barocken Orangerie, Reste des 1945 ausgebrannten Schlosses Osterstein und das 1901 als Fürstliches Hoftheater eingeweihte prachtvolle Jugendstiltheater. Den Stadtkern schmücken beachtliche Bürgerhäuser sowie die Salvator- und die Trinitatiskirche, am Markt das prachtvolle Rathaus und der seit 300 Jahren hier plätschernde Simsonbrunnen. Eine originelle Besonderheit hat Gera vorzuweisen: In der *Johannisstraße* fährt die Straßenbahn durch ein Haus. Gera war die zweite Stadt in Deutschland mit einer elektrischen Straßenbahn. 2007 richtet Gera die Bundesgartenschau aus.

SEHENSWERTES

Geraer Höhler
Interessantes, 9 km langes Zeugnis der Brau- und Bergbaugeschichte Geras. Die Höhler genannten Keller wurden in der Altstadt im 17. und 18. Jh. in einer Tiefe von 3 bis 11 m für brauberechtigte Bürger angelegt, um das Bier bei einer Temperatur von 9 bis 12 Grad zu lagern. In den letzten Jahren wurden einige zugänglich gemacht. *Führungen (Dauer 45 Minuten) Mo–Do 11, 15 Uhr, Sa, So 10, 11, 14, 15 Uhr, So auch 15 Uhr, Eingang Geithes Passage (zwischen Steinweg und Museum für Naturkunde)*

Insider Tipp

Tierpark
500 Tiere von etwa 80 Arten leben in der Anlage im schönen Martinsgrund. Auf einer Strecke von 1 km

fährt die Parkeisenbahn (600 mm Spurbreite). *April–Okt. tgl. 9–18 Uhr, Nov., Feb., März bis 17 Uhr, Dez., Jan. bis 16 Uhr, Am Martinsgrund*

Villen

Gera war zu Beginn des 20. Jhs. eine der reichsten Städte Deutschlands. Rund 200 prachtvolle Villen vor allem in der Berliner Straße, der Küchengartenallee, der Straße des Friedens und der Karl-Marx-Allee erinnern an den einstigen Glanz und Reichtum. Herausragend ist das von der Architektenkoryphäe Henry van de Velde in der heutigen Straße des Friedens 120 entworfene Jugendstilhaus Schulenburg. Ein Teil des Gebäudeensembles wird heute kulturell genutzt. Beachtenswert ist ferner die so genannte »Zuckerbäcker-Villa«, auch »Klein-Neuschwanstein« betitelt, am Waldrand im Ortsteil Heinrichsgrün.

MUSEEN

Höhlermuseum

Im zweitgrößten, 11 m tiefen Höhler funkeln in der Ausstellung »Minerale und Bergbau Ostthüringens« 250 Minerale in ihrer ganzen Farbenpracht. *Tgl. 10–17 Uhr, Eingang Geithes Passage (zwischen Steinweg und Museum für Naturkunde)*

Kunstsammlung Orangerie

Malerei und Plastik vom 16. Jh. bis in die Moderne werden in der Orangerie (1729 im Auftrag des Grafen Heinrich XVIII. erbaut) gezeigt. *Di 13–17 Uhr, Mi–Fr 10–17 Uhr, Sa, So bis 18 Uhr, Küchengartenallee 4*

Otto-Dix-Haus

In dem Haus kam 1891 der Maler und Grafiker Otto Dix zur Welt, der

Das Rathausportal in Gera

zu den Hauptvertretern der Neuen Sachlichkeit gehört. *Di 13–20 Uhr, Mi–Fr 10–17 Uhr, Sa, So 10–18 Uhr, Mohrenplatz 4*

ESSEN & TRINKEN

Royal

Ausgesuchte Spezialitäten der französischen, griechischen und thüringischen Küche sowie rund 800 (!) Weine aus 20 Ländern. *Sorge 19, Tel. 0365/513 74,* €€€

Ungers Gasthaus zum Höhler

Traditionsgaststätte im Stadtzentrum. *Steinweg 18, Tel. 0365/ 223 32,* €

EINKAUFEN

Traditionelle Einkaufs- und Flaniermeile der Geraer sind die *Sorge* und der benachbarte *Markt.* Wo einst das Interhotel Gera stand, öffnete das für 115 Mio. Euro erbaute *Einkaufszentrum Gera Arcaden* mit etwa 100 Geschäften.

ÜBERNACHTEN

Courtyard by Marriott
Neubau direkt am Küchengarten-Park; Fitnesscenter mit Whirlpool, Sauna, Solarium. *165 Zi., Gutenbergstr. 2a, Tel. 0365/290 90, Fax 29 01 00,* €€

Dorint Hotel Gera
Stadthotel mit heller und freundlicher Atmosphäre in zentraler Lage. *281 Zi., Berliner Str. 38, Tel. 0365/434 40, Fax 434 41 00,* €€€

Galerie-Hotel
In einer ruhigen Nebenstraße im Stadtteil Untermhaus erwarten Sie hinter einer hübschen Gründerzeitfassade 17 gut ausgestattete Zimmer und Ausstellungen von Künstlern aus der Region. *Leibnizstr. 21, Tel. 0365/201 50, Fax 20 15 22,* €–€€

Stadt-Hotel
Hotel garni. Preisgünstig sind die Familienappartements (bis zu 4 Pers.). *112 Zi., Gagarinstr. 81, Tel. 0365/43 44 50, Fax 434 45 11,* €€

AM ABEND

Das *Theater Altenburg-Gera* bietet Konzerte, Opern, Musical und Schauspiel, das *Kabarett Fettnäpfchen* spielt im Kellergewölbe des Rathauses. Locker klingt der Tag aus in der *Bierstube Gummistiefel (Mo–Sa ab 19 Uhr, Berliner Str. 38).*

AUSKUNFT

Gera-Information
Ernst-Toller-Str. 14, Tel. 0365/800 70 30, Fax 800 70 31, gast.in@gera.de, www.gast.in.gera.de

ZIELE IN DER UMGEBUNG

Bad Köstritz [123 D1]
Bad Köstritz ist der Geburtsort von Heinrich Schütz, dem Schöpfer der ersten deutschsprachigen Oper »Daphne«. Das *Heinrich-Schütz-Haus (Di–Fr 10–17 Uhr, Sa, So 13–17 Uhr, Heinrich-Schütz-Str. 1)* informiert über Leben und Werk des Komponisten. Bekannt wurde Bad Köstritz (3700 Ew.) durch sein seit 1543 gebrautes und bis heute gern getrunkenes Schwarzbier. Auf Anfrage kann die *Brauerei (Tel. 036605/830)* in der *Heinrich-Schütz-Straße* besichtigt werden. *5 km von Gera*

Insider Tipp

Holzland [122 C1–2]
Als Perle des Holzlandes gilt Bad Klosterlausnitz mit dem *Kur- und Freizeitbad Kristall.* Vorhanden sind Wellenbad, Wildbachstrudelkanal, neun Saunen mit verschiedenen Düften und Temperaturen, ein Kinderbereich und viele weitere Annehmlichkeiten.

Neun Gemeinden im Städtedreieck Eisenberg, Stadtroda und Bad Klosterlausnitz gehören zum Thüringer Holzland. In keinem anderen Gebiet Deutschlands konzentrierten sich im 18. und 19. Jh. so viele Schafraufenmacher, Karrenhersteller und Leitermacher. *15 km von Gera*

Weida [123 D2]
Über der Stadt (8900 Ew.) erhebt sich die vor 300 Jahren zum

Schloss umgebaute Osterburg, der einstige Stammsitz der reußischen Fürstenfamilie. Im *Museum (Di–So 10–16.30 Uhr)* gibt es eine Zinngießwerkstatt zu sehen. Originalgetreu wieder eingerichtet wurde die Türmerstube, die 500 Jahre lang (bis 1917) bewohnt war. Vom Bergfried mit 5,50 m starken Mauern bietet sich ein ausgezeichneter Blick in die Umgebung. *15 km von Gera*

Wünschendorf **[123 D2]**
Hier können Sie auf einer 70 m langen und 4,90 m breiten überdachten Holzbrücke die Weiße Elster überqueren. Das heutige Bauwerk stammt von 1786. Vom 1193 gegründeten Kloster Mildenfurth sind dagegen nur noch Reste zu sehen. Kinder begeistert der immer zugänglichen Wünschendorfer Märchenwald. Die farbigen Figuren werden vom Wasser des Kamnitzbaches angetrieben. *12 km von Gera*

GREIZ

[123 E3] Das von bewaldeten Höhenzügen umsäumte Greiz (26 700 Ew.) im Tal der Weißen Elster wird als Park- und Schlossstadt gerühmt. Von 1564 bis 1768 war das Gebiet in zwei Herrschaftsbereiche geteilt, und da jeder Fürst eine Residenz beanspruchte, gibt es in Greiz zwei Schlösser: das nicht von innen zu besichtigende Obere Schloss und das zum Museum gewordene Untere Schloss. Alle reußischen Fürsten trugen den Namen Heinrich, einer von ihnen liegt in einem vergoldeten Sarg in der Stadtkirche, denn auf ihn war das Fürstenhaus besonders stolz: Heinrich VI., der 1697 in der Schlacht bei Zenta als General des Prinzen Eugen von Savoyen fiel.

In jüngster Zeit wurde die Stadt zum ostdeutschen Mekka der Sati-

Die so überdachte, 70m lange Holzbrücke führt seit 1786 über die Weiße Elster. Sie verbindet Wünschendorf mit Weida

riker. Zu DDR-Zeiten, als aus Furcht vor Gesellschaftskritik Karikaturen im politischen Teil der Tageszeitungen größtenteils fehlten, hatte die Satire in dieser Ecke Thüringens begrenzte Freiräume. Im Sommerpalais entstand das Greizer Satiricum, heute die größte Spezialsammlung zeitgenössischer Karikaturen Ostdeutschlands. Zu sehen ist ferner die Staatliche Bücher- und Kupferstichsammlung, eine Stiftung des Hauses Reuß ältere Linie.

SEHENSWERTES

Aussichtspunkte

Weit reicht der Blick vom *Pulverturm* (1824) nördlich des Krümmetals sowie vom *Hirschsteinfelsen* mit dem Weißen Kreuz, das Fürst Heinrich XX. zur Erinnerung an seine 1838 früh verstorbene erste Gemahlin aufstellen ließ. Der Gasparinetempel (1822 erbaut) ist benannt nach der Gemahlin von Fürst Heinrich XIX.

Greizer Park

Seltene Bäume und Sträucher schmücken den nach englischem Vorbild angelegten Park, am rechten Ufer der Weißen Elster gelegen. Der Parksee besitzt die Form eines Eichenblattes.

MUSEEN

Heimatmuseum und Schauwerkstatt

Fast 500 Jahre lang, bis zum Ende der DDR, ratterten in Greiz die Webstühle. In der Historischen Textil-Schauwerkstatt werden funktionstüchtige Textilmaschinen gezeigt. *Sa–Do 10–12.30, 13–17 Uhr, im Unteren Schloss*

Sommerpalais

Das *Satiricum* umfaßt rund 10 000 zeitgenössische Karikaturen und Pressezeichnungen Ostdeutschlands. Die *Staatliche Bücher- und Kupferstichsammlung* zeigt Grafiken des 18. und 19. Jhs. Zu den europäischen Raritäten gehören 1100 englische Schabkunstblätter, die im Erbgang von Hessen-Homburg nach Greiz kamen. *Greizer Park, April–Sept. Di–So 10–17 Uhr, Okt.–März bis 16 Uhr*

ESSEN & TRINKEN

Neue Schenke

Wunderschönes Ambiente, bester Service, ausgezeichnete Küche. *Neugernsdorf (etwa 5 km nördlich von Greiz), Tel. 036625/202 31,* €€

Schlosscafé Lebensart

Im Unteren Schloss: preiswertes Essen, lockere Atmosphäre, außerdem Ausstellungen von Künstlern. *Burgplatz, Tel. 03661/38 66,* €

Zapf-Werk 1/3

Insider Tipp

Bierschankanlage mit über 40 Biersorten vom Fass, vier Sorten Wein vom Fass sowie einer Selbstzapfanlage per Chipkarte. Die Spezialität sind Steaks. *Zeulenrodaer Str. 6, Tel. 03661/67 11 45,* €€

ÜBERNACHTEN

Am Wald

Ruhig gelegenes Hotel im Landhausstil, Liegewiese. *13 Zi., Untergrochlitzer Str. 8, Tel. 03661/67 08 04, Fax 67 08 05,* €

Jugendherberge Juri Gagarin

Auf dem Amselstieg, einem waldreichen Berg oberhalb der

Stadt. *92 Betten, Amselstieg 12, Tel. 03661/21 76, Fax 68 78 08, €*

Schlossberg Hotel
Hotel garni in ruhiger Lage mitten in der Altstadt. *26 Zi., Marienstr. 1–5, Tel. 03661/62 21 23, Fax 62 21 66, €€*

AUSKUNFT

Greiz-Information
Burgplatz (im Unteren Schloss), Tel. 03661/194 33, Fax 70 32 91, info@greiz.de, www.greiz.de

ZIELE IN DER UMGEBUNG

Göltzschtalbrücke [123 E3]
Achtes Weltwunder wurde der viergeschossige Viadukt lange Zeit genannt. Mit 78 m Höhe und 574 m Länge ist er die größte aus Ziegeln erbaute Brücke der Welt: 26 Millionen Steine wurden von 1846 bis 1851 vermauert. *5 km von Greiz*

Zeulenroda [123 D3]
Eine üppige Südseebepflanzung, sommerlich warme Wassertemperaturen, ein rauschender Wasserfall, dazu Sprudelanlagen, Wildwasserkanal, Saunen und über 100 m lange Wasserrutschen – das *Tropenbad Waikiki* bietet original hawaiianisches Ambiente. Interessant ist das palazzoähnliche Rathaus von Zeulenroda (15 000 Ew.), weil es kein Architekt entworfen hat, sondern vor etwa 150 Jahren ein Autodidakt, der heimische Strumpfwarenunternehmer Christian Heinrich Schopper.

Am Ufer der Talsperre Zeulenroda in modernem, zeitgemäßem Ambiente das *Seehotel* mit Saunalandschaft, Fitnesssaal, Bowlingbahnen und Tennisanlage *(149 Zi., An der Leitze 4, Tel. 036628/980, Fax 981 00, €€) 18 km von Greiz*

JENA

[122 B1–2] Die Universitäts- und Industriestadt liegt in einem Talkessel der mittleren Saale. Die Universität, die im 17. und 18. Jh. zu den führenden im deutschsprachigen Raum gehörte, hat noch heute einen guten Ruf. Sie trägt den Namen ihres berühmtesten Professors: Friedrich Schiller. Rund 20 000 Studenten bei 99 000 Ew. prägen das Stadtbild entscheidend. Jena wurde durch Carl Zeiss, Ernst Abbe und Otto Schott die Wiege der feinmechanisch-optischen Industrie, die in der Stadt gefertigten wissenschaftlichen Präzisionsgeräte und das feuerfeste Jenaer Glas machten die Stadt weltbekannt. Vom alten Jena, bei Goethe der »allerliebste Ort«, hat der Zweite Weltkrieg viel vernichtet. Geblieben aber sind einige mittelalterliche Bauensembles, darunter das Collegium Jenense (Gründungsstätte der Universität, 1558) sowie das Rathaus mit der spätgotischen Kunstuhr, deren Figurenspiel mit Schnapphans, Engel und Pilger zu jeder vollen Stunde erfreut. Der 110 m hohe Intershop-Tower stammt aus der DDR-Zeit. Von der tgl. geöffneten Aussichtsterrasse vom Fuchsturm auf dem Hausberg oder vom Jenzig, dem »Rigi« des Saaletals schauen Sie weit über Jena.

SEHENSWERTES

Botanischer Garten
Etwa 12 000 Pflanzenarten aus allen Klimazonen wachsen hier.

Das Zeiss-Planetarium in Jena wurde 1926 erbaut

Bereits im 18. Jh. war die Anlage eine anerkannte Forschungs- und Bildungseinrichtung. *Mitte Mai bis Mitte Sept. tgl. 9–18 Uhr, Mitte Sept.–Mitte Mai bis 17 Uhr, Fürstengraben 26*

Zeiss-Planetarium

★ Das älteste »Sternentheater« der Welt besitzt die modernste Technik. An die im Durchmesser 25 m große Kuppel können rund 9000 Sterne projiziert werden. *Vorführungen Di–So (Termine und Themen im Planetarium und bei der Tourist-Information), Am Planetarium, Tel. 03641/88 54 88*

MUSEEN

Ernst-Haeckel-Haus

Villa Medusa nannte der 1919 verstorbene berühmte Naturforscher Ernst Haeckel sein Wohnhaus. *Führungen Di–Fr 8.30, 10, 11.30, 14, 15.30 Uhr, Berggasse 7*

Optisches Museum

Berühmt sind die Brillen- und die Mikroskopsammlungen. *Di–Fr 10 bis 17 Uhr, Sa 13–16.30 Uhr, So 9.30–13 Uhr, Carl-Zeiss-Platz 12*

Phyletisches Museum

Das in Europa einmalige Museum über die Abstammungslehre ist eine Einrichtung der Friedrich-Schiller-Universität. Gegründet wurde es 1907 von Ernst Haeckel, der Professor für Zoologie an der Universität Jena war. *Tgl. 9–16 Uhr, Vor dem Neutor 1*

Schillers Gartenhaus

Die einzige erhaltene Wohnstätte Friedrich Schillers aus seiner Jenaer Zeit (1789–99). In der turmartigen Gartenzinne schrieb er wesentliche Teile des »Wallenstein«. *Di–Fr 10 bis 12, 13–16 Uhr, Sa 11–16 Uhr, April–Okt. auch So, Schillergässchen 2*

ESSEN & TRINKEN

Alt Jena Wirtshaus & Weinstube

Gemütliche Wirtshausatmosphäre, mehr als 20 Fischgerichte und über 90 verschiedene Weine. *Markt 9, Tel. 03641/44 33 66, €*

Turmrestaurant Scala
In dem neuen Restaurant im 27. Stock im Intershop-Tower wird feine Küche serviert. *Johannisstraße, Tel. 03641/35 66 66,* €€€

Zur Noll
Kneipengalerie mit Thüringer Küche, Jazz- und Pianoabende. *Oberlauengasse 19, Tel. 03641/ 44 15 66,* €

EINKAUFEN

Auf dem Areal der alten Zeiss-Fabrikhallen entstand der Konsumtempel *Goethe Galerie* mit 70 Geschäften, Restaurants und Cafés an der Goethestraße. Das moderne Einkaufszentrum erhielt auf der weltgrößten Immobilienmesse Mipim in Cannes 1997 den »Oscar« der Immobilienbranche.

ÜBERNACHTEN

Internationales Jugendgästehaus
Auf dem Herrenberg oberhalb der Stadt in ruhiger, waldreicher Gegend, bis zum Stadtzentrum mit dem Linienbus 20 Min. *140 Betten in 2- bis 4-Bett-Zimmern, Am Herrenberge 3, Tel. 03641/68 72 30, Fax 68 72 02,* €

Steigenberger Esplanade Jena
Neues Hotel in freundlichem Design im Stadtzentrum. *179 Zi., Carl-Zeiss-Platz 4, Tel. 03641/80 00, Fax 800 01 50,* €€–€€€

Steigenberger Maxx Hotel
Im angloamerikanischen Stil der 30er- bis 50er-Jahre. Aus der Wurlitzer-Orgel in der Lobby erklingen Hits dieser Zeit. *208 Zi., Stauffenbergstr. 59 (Stadtteil Lobeda), Tel. 03641/30 00, Fax 30 08 88,* €€

AM ABEND

Das junge Ensemble des *Theaterhauses Jena, Schillergässchen,* Insider Tipp wartet mit eigenwilligen Inszenierungen auf. Der *Rosenkeller* mit Live-Acts ist der meistbesuchte Studentenclub der Stadt. *Johannisstr. 13 (www.rosenkeller.org).* Die *Jenaer Philharmonie* spielt im *Volkshaus, Carl-Zeiss-Platz 15.*

AUSKUNFT

Tourist-Information
Johannisstr. 23, Tel. 03641/194 33, Fax 80 64 09, tourist-info@jena.de, www.jena.de

ZIELE IN DER UMGEBUNG

Brehm-Gedenkstätte Renthendorf [122 C2]
Erinnert wird in dem kleinen Haus an den »Vogelpastor« Christian Ludwig Brehm, einen weit geschätzten Ornithologen, und seinen in Renthendorf geborenen und dort 1864 verstorbenen Sohn Alfred Edmund Brehm, der landesweit durch sein »Illustriertes Tierleben« berühmt wurde. *Tgl. 9–12 Uhr und 13–17 Uhr, 25 km von Jena*

Bürgel [122 C1]
Seit 300 Jahren wird in dem Ort getöpfert, typisch für Bürgeler Keramik ist die »blaue Schürze« mit weißen Punkten. Erzeugnisse dieser Art sind in dem Städtchen fast überall zu haben, am Marktplatz ebenso wie in den Werkstätten in den kleinen Gassen. Vielfach darf den Künstlern bei der Arbeit zuge-

schaut werden. Interessantes über das traditionsreiche Handwerk vermittelt das *Keramikmuseum (Di–So 13–17 Uhr Eisenberger Str. 23). 13 km von Jena*

Dornburger Schlösser **[122 B1]**

Drei Schlösser stehen in Dornburg hoch über dem Saaletal, das südliche Renaissance- und das mittlere Rokokoschloss können besichtigt werden. Die Parkanlagen sind *tgl. von 9 Uhr bis zum Einbruch der Dunkelheit* geöffnet, das Renaissanceschloss: *April–Okt. Mi–So 9–18 Uhr, Nov.–März Mi–So 10–18 Uhr,* das Rokokoschloss *ist nach umfangreicher Sanierung seit 2002 wieder geöffnet.* Direkt am Eingang zu den Parkanlagen befindet sich das *Restaurant Schlossberg (Tel. 036427/704 63, €€). 12 km von Jena*

Insider Tipp **Jagdanlage Rieseneck** **[122 B2]**

Die nahezu vollständig erhaltene Jagdanlage der Herzöge von Sachsen-Altenburg aus dem 17. und 18. Jh. besteht aus mehreren Gebäuden und weitläufigen, zum Teil unterirdischen Gängen. 1891 und 1894 jagte hier auch Deutschlands Kaiser Wilhelm II. An der Straße Kahla–Neustadt bei Schmölln gibt es einen Parkplatz, von dem sind es zehn Minuten zu Fuß bis zum Grünen Haus. Verlaufen können Sie sich in dem gut ausgeschilderten Gelände nicht. *20 km von Jena*

Klosterkirche Thalbürgel **[122 C1]**

Imposanter romanischer Bau der Hirsauer Bauschule, die Arkadenpfeiler werden vielfach als die schönsten der deutschen Romanik bezeichnet. Nach der Auflösung des Benediktinerklosters begann die Basilika zu verfallen, Mitte des 19. Jhs. erfolgte die teilweise Wiederherstellung. *Führungen April–Okt. tgl. 10–18 Uhr.* Ein wahrer Ohrenschmaus sind Konzerte in der Kirche. *14 km von Jena* Insider Tipp

Der Volksmund sagt »Thüringer Lorelei«: Von den Terrassen der Dornburger Schlösser blickt man weit über das Saaletal

Leuchtenburg [122 B2]
Hoch über der Saale thront die 700 Jahre alte Burg, Königin des Saaletals genannt. Das *Museum (Sept.–April tgl. 9–17 Uhr, Mai bis Aug. bis 18.30 Uhr)* zeigt eine Jagd-, Porzellan- und Weinbauausstellung. Von dem in den Museumsrundgang integrierten Turm ist bei gutem Wetter halb Thüringen zu überblicken. Fabelhaft ist auch der Blick vom Burghof und von der Gaststätte *Burgschänke (Tel. 036424/222 58, €€)*. Bedient wird in Gewändern des 15. Jhs. Mehrmals im Jahr finden mittelalterliche Spektakel und Märkte statt. *12 km von Jena*

RUDOLSTADT

[122 A3] Bis zu 200 m hohe Berge überragen links und rechts das Saaleufer bei Rudolstadt (28 500 Ew.) mit der majestätischen Heidecksburg. In der ihr zu Füßen liegenden Altstadt mit verwinkelten Gassen und beschaulicher Atmosphäre repräsentieren zahlreiche Bauwerke die alte Geschichte: so das Schloss Ludwigsburg von 1741, die spätgotische Stadtkirche, das Alte Rathaus aus dem 16. und 18. Jh. Die Fürsten von Schwarzburg-Rudolstadt bemühten sich, ihre Residenz zu einem Klein-Weimar zu machen. Friedrich Schiller weilte oft hier, in Rudolstadt traf er zum ersten Mal mit Goethe zusammen, und in der nicht mehr bestehenden Glockengießerei in der Jenaer Str. 1 soll er zu seinem berühmten »Lied von der Glocke« angeregt worden sein. Franz Liszt und Niccolo Paganini bereicherten ebenso das Kulturleben wie Goethe und Richard Wagner, der Musikdirektor des Theaters war. Dieses hat sich in der Gegenwart durch Mut zum Ungewöhnlichen einen guten Ruf erworben.

MUSEEN

Thüringer Landesmuseum Schloss Heidecksburg
Besichtigt werden können die Fest- und Wohnräume, die Gemälde- und Porzellangalerie sowie ein *Geschichtsmuseum.* Zu sehen sind ferner die schönsten Stücke aus der etwa 4000 Waffen umfassenden Sammlung »Schwarzburger Zeughaus«. So genannt, weil sie sich bis 1940 im Schloss Schwarzburg befand. Das ostasiatische Spiegelkabinett stammt noch aus dem 18. Jh., als es in den Schlössern Mode war, vor spiegelverglasten Wänden Porzellane aufzustellen. *Di–So 10–18 Uhr.* Das *Naturalienkabinett (So 13–17 Uhr)* hat reichhaltige Bestände an Molusken, die schon vor 200 Jahren zu den Besonderen in Deutschland zählten.

Das 1786 fertig gestellte Schloss Heidecksburg ist das am prunkvollsten ausgestattete Barockschloss Thüringens, die schlichte Fassade lässt das jedoch nicht vermuten. Vom Schlosspark mit dem ebenfalls barocken Schallhaus bietet sich ein herrlicher Blick auf die Stadt.

Volkskundemuseum Thüringer Bauernhäuser
Das älteste Freilichtmuseum Deutschlands besteht aus zwei ans rechte Saaleufer umgesetzten Häusern und einer Scheune. Das größere Wohnstallhaus stammt aus dem Saaledorf Unterhasel, das kleine eingeschossige Haus aus den waldreichen Höhenlagen bei Saal-

feld. *März–Nov. Mi–So 10–12, 13 bis 17 Uhr*

ESSEN & TRINKEN ÜBERNACHTEN

Adler
Im Restaurant internationale Küche, für die überwiegend Zutaten aus der Region verwendet werden. *50 Zi., Markt 17, Tel. 03672/44 03, Fax 440 44, €€*

Am Marienturm
Hoch über dem Saaletal mit Blick auf Rudolstadt. Im Panoramarestaurant bekommen Sie vorwiegend Thüringer Gerichte. *29 Zi., Marienturm 1, Tel. 03672/432 70, Fax 43 27 85, €€*

FREIZEIT & SPORT

Neu ist das tgl. geöffnete Freizeit- und Erlebnisbad *Saalemaxx, Hugo-Trinckler-Str. 6,* mit Wellnessbecken mit integriertem Strömungskanal, mehreren Rutschen sowie Wellnessbereich mit Heubad und Aromagrotte.

AUSKUNFT

Tourist-Information
Marktstr. 57, Tel. 03672/194 33, Fax 43 12 86, ru-info@saale-net.de, www.rudolstadt.de

ZIELE IN DER UMGEBUNG

Bad Blankenburg **[122 A3]**
Im *Haus über dem Keller, Johannisgasse 4,* richtete der bedeutende klassische Pädagoge Friedrich Fröbel 1837 seine Spiel- und Beschäftigungsanstalt ein, Deutschlands ersten Kindergarten. Heute ist das Haus *Fröbel-Museum (Di–So 9–12, 13–17 Uhr).* Markantes Wahrzeichen des Ortes (8000 Ew.) bildet die gewaltige Burgruine Greifenstein, eine der größten in Thüringen, deren Bergfried bestiegen werden darf. Adler, Bussarde sowie Andenkondore begeistern die Besucher des *Falkenhofes Burg Greifenstein (Flugvorführungen April–Okt. Di–So 15 Uhr).*

Das Hotel *Am Goldberg (Goetheweg 9, Tel. 036741/422 10, Fax 422 13, €€)* mit Wald- und Gartenpark hat ein Hallenbad, ein römisches Dampfbad, eine Tennisanlage, ein Café sowie ein Restaurant, das auch vegetarische Küche serviert, und bietet 40 Zimmer. *6 km von Rudolstadt*

Klosterruine Paulinzella **[121 F3]**
Selbst als Ruine gehört die Klosterkirche noch zu den eindrucksvollen Zeugnissen romanischer Baukunst auf deutschem Boden. Das 1124 geweihte Bauwerk entstand nach dem Vorbild und den Regeln des Hirsauer Klosters. Nach seiner Auflösung im Zuge der Reformation verfiel das Kloster. Heute steht es unter Denkmalschutz. *15 km von Rudolstadt*

Minibrauerei Schmitt **[121 F3]**
2000 l Bier verlassen pro Woche die kleinste Brauerei im Osten Deutschlands. Das Familienunternehmen in dem Dorf Singen, südlich von Stadtilm, besteht seit 1885, gebraut wird mit den Geräten aus Großvaters Zeiten und dessen altbewährter Methode. Touristen können in die Brauerei schauen und natürlich auch das »Singener Bier« vom Fass kosten. *20 km von Rudolstadt*

Insider Tipp

Fachwerkbau der Klosterruine Paulinzella

Oberweißbach **[121 F4]**
1782 kam in dem Städtchen (1800 Ew.) der Pestalozzi-Schüler Friedrich Fröbel zur Welt, dessen Geburtshaus *Museum* wurde *(Mai bis Okt. Mo–Fr 10–12, 13–17 Uhr, Sa, So 13–17 Uhr, Nov.–April Mo–Fr 10–12, 13–17 Uhr, So 13–16 Uhr, Markt 10)*. In ihm sind seine berühmt gewordenen Spielgaben zu sehen: Kugel, Walze und Würfel aus naturfarbenem Holz. Eine ständige Ausstellung informiert über den Olitätenhandel (s. S. 15), im Museum werden auch Olitäten (Naturheilmittel) zum Kauf angeboten, hergestellt nach überlieferten Rezepten. Auf dem Kirchberg steht der 26 m hohe Fröbelturm, der bestiegen werden darf. *26 km von Rudolstadt*

Oberweißbacher Bergbahn **[121 F4]**
★ Die steilste Seilzugbahn der Welt für normalspurige Eisenbahnwagen bringt Sie vom Schwarzatal auf die Höhen des Thüringer Schiefergebirges. Von Obstfelderschmiede klettert die Bergbahn 1,4 km bergauf, bis nach 18 Minuten die 320,5 m höher gelegene Bergstation Lichtenhain erreicht ist. Die Bahn fährt täglich im Halbstundentakt, *(Tel. 036705/621 23)*. Oberweißbach, das der Bahn den Namen gab, liegt sonderbarerweise nicht an der Bergstrecke. Wer in den Ort möchte, muss in Lichtenhain in einen elektrischen Triebwagen steigen, der auf der sich anschließenden 2 km langen Flachstrecke bis Cursdorf fährt. *23 km von Rudolstadt*

Schloss Kochberg **[122 A2]**
Mit Möbeln und Kunstgegenständen aus dem Besitz Charlotte von Steins eingerichtete Räume, in denen an Goethes Besuche erinnert wird *(April–Okt. Mi–So 9–18 Uhr, Nov.–März Mi–So 10–16 Uhr)*. Im

ße), Tel. 03671/82 00, Fax 82 02 22, **€€**

AUSKUNFT

Saalfeld-Information
Am Markt 6, Tel. 03671/194 33, Fax 52 21 83, info@saalfeld-info.de, www.saalfeld-info.de

ZIELE IN DER UMGEBUNG

Bleilochtalsperre **[122 B–C4]**
★ Mit 9,2 km^2 ist die Bleilochtalsperre Deutschlands größtes künstliches Gewässer. Sportler jedweder Art (Wanderer, Segler, Surfer und Angler) finden hier gleichermaßen ihr Vergnügen. Motorschiff-Rundfahrten beginnen in Saalburg. *50 km von Saalfeld*

Burg Ranis **[122 B3]**
Die Burg wird auch »Literaturburg« genannt, denn jährlich finden hier im Sommer die Thüringer Literaturtage statt. Mehr als zwei Dutzend Lesungen und Veranstaltungen rund um das Thema Literatur, eröffnet traditionell mit »Jazz und Lyrik« *(Tel. 03647/41 33 45). 16 km von Saalfeld*

Deutsch-Deutsches Museum Mödlareuth **[122 C5]**
★ 1966 errichteten DDR-Grenztruppen eine 700 m lange und 3,30 m hohe Betonmauer quer durch das Minidorf Mödlareuth südlich von Gefell, das fortan »Klein Berlin« genannt wurde. 24 Jahre stand dieses Machwerk, von dem einige Teile im *Museum zur Geschichte der deutschen Teilung (tgl. 9–18 Uhr)* zu sehen sind. Auch Hundelaufanlage, Erdbeobachtungsbunker, Straßensperren und Betonturm zeigt das Freilichtmuseum. Mit der Teilung Deutschlands war der nördliche Dorfteil zur damaligen DDR gekommen, der andere zur BRD. *66 km von Saalfeld*

Dietrichshütte **[122 A3]**
Mehr als 2000 Koniferen säumen die 971 m langen und verwinkelten Wege in Thüringens größtem *Irrgarten (April–Okt. Di–So 14–18 Uhr, www.kiezdietrichshuette.de).* Auf der *Allwetterrodelbahn* auf der Saalfelder Höhe sausen die doppelsitzigen Schlitten mit 40 km/h 627 m bergab, im Tal übernimmt ein Lift die 373 m lange Fahrt bergauf *(April–Okt. tgl. 10–18 Uhr, Nov.–März tgl. 13–16 Uhr). 10 km von Saalfeld*

Hohenwarte-Talsperre **[122 B3–4]**
Ihrer schroffen Hänge, malerischen Buchten und Felssporne wegen wird die Landschaft oft mit den Fjorden Norwegens verglichen. Motorschiff-Rundfahrten beginnen an der Staumauer. Die 27 km lange, bei Seglern beliebte Talsperre ist die drittgrößte in Deutschland. *20 km von Saalfeld*

Lauscha **[121 F4]**
In 60 Handwerksbetrieben zaubern mehr als 100 Glasbläser zarte Kostbarkeiten: Glastiere, vor allem aber die weithin berühmten Lauschaer Christbaumkugeln. In vielen Werkstätten darf man den Mundglasbläsern zuschauen. Besonders interessant der Erlebnisrundgang mit einer Ton-Bild-Schau in der *Farbglashütte, Mo–Fr 9–16 Uhr, Sa und So 10–16 Uhr, Straße des Friedens 46, www.farbglashuette.de.* Lauscha (4500 Ew.) besitzt natürlich auch

Insider Tipp

ein *Museum für Glaskunst (tgl. 9–17 Uhr, Oberlandstr. 10). 32 km von Saalfeld*

Lehesten **[122 A4]**
In der Lehester Kirche, in der Martin Luther 1530 gepredigt hat, befindet sich die mit 305 mal 283 cm vermutlich größte Schiefertafel der Welt. Seit 700 Jahren wird in Lehesten Schiefer gebrochen, der als Dach- und Wandverkleidung zur thüringisch-fränkischen Baukunst gehört. Die Schieferbrüche gelten als die größten des europäischen Festlands. Die historische Spalthütte und die Göpelschachtanlage wurden zum technischen Denkmal »Historischer Schieferbergbau Lehesten« erklärt. *Führungen März bis Okt. Di, Fr 10 Uhr, Sa, So 10 und 14 Uhr, Nov.–Feb. für Gruppen nach Vereinbarung unter Tel. 036653/222 12 oder 223 81, 34 km von Saalfeld*

Lobenstein **[122 B5]**
Von der Burg steht noch der weithin sichtbare, 30 m hohe Bergfried, der einen schönen Rundblick bietet. Das schlichte Schloss am Kurpark war von 1647 an für 200 Jahre Residenz des Mini-Fürstentums Reuß-Lobenstein. Im 5 km entfernten Ebersdorf ließ sich das Fürstenhaus eine Grabstätte anlegen, die Ernst Barlach 1931 gestaltete. Französische und regionale Küche wird serviert in den *Marktstuben (Markt 24, Tel. 036651/24 88, €). 43 km von Saalfeld*

Neuhaus am Rennweg **[121 F4]**
Wer in dieser Region gut essen möchte, geht in das Restaurant des Hotels *Schieferhof (Eisfelder Str. 26, Tel. 03679/77 40, €€€)*. Was hier auf den Tisch kommt, ist vorbildlich angerichtet und mundet bestens. Erfreulich das Preis-Leistungs-Verhältnis. Glasbläservorführungen und eine große Verkaufsausstellung bietet die *Glasmarkt GmbH (Sonneberger Str. 150)*. Die rundum mit Schiefer verkleidete *Holzkirche* gehört zu den größten und schönsten Dorfkirchen Thüringens. *29 km von Saalfeld*

Plothener Teiche **[122 C3]**
Rund 1000 Teiche soll es geben – was stark übertrieben sein dürfte. Viele sind es jedenfalls, und Naturfreunde können sich für die Pflanzen- und Vogelwelt begeistern. An der Straße Plothen–Debra ist eine Übersichtskarte angebracht. Ein Netz von Wanderwegen verbindet die größten Gewässer, die einst von Klöstern für die Fischzucht angelegt worden sein sollen. Anfang Oktober findet das so genannte »Starenwunder« statt: Zehntausende dieser Vögel sammeln sich vor ihrem Flug nach Süden und bieten ein tolles Naturschauspiel. *30 km von Saalfeld*

Pößneck **[122 B3]**
Herrlich anzuschauen ist in dem Städtchen (14 900 Ew.) mit einem historischen Stadtkern das spätgotische Rathaus mit einer überdachten Freitreppe zur Marktseite. Neuerdings beherbergt es das *Stadtmuseum (Di–Do 9–12, 14–18 Uhr, Fr 9–12, Sa, So 14–17 Uhr)*. Weitere Sehenswürdigkeiten sind der Marktbrunnen (1521) sowie der Weiße Turm (1453) als Rest der Stadtbefestigung, von dem sich ein schöner Blick bietet. Das *Hotel Villa Altenburg (14 Zi., Straße des Friedens 49, Tel. 03647/42 20 01, Fax*

Goldschürfer

Seit dem Mittelalter jagen die Menschen in Thüringen nach Gold

Von dem Goldrausch, den es im Mittelalter in Thüringen gab, hat sich einiges bis in unsere Tage erhalten. Theuern und die Schwarza bis nach Schwarzburg entlang waren einst das Zentrum des Goldabbaus, in Steinheid gab es bis 1750 den Goldbergbau. Theuern besitzt seit einigen Jahren ein Goldmuseum, doch was in dem kleinen Dorfbach Grümpen jährlich an Gold gefunden wird, sind weniger als 10 Gramm. Zum Goldwaschen im Schlagebach lädt auch Schmiedefeld ein, Limbach hat im Neumannsgrund einen Goldwaschplatz eingerichtet. Familien mit Kindern, sogar ganze Schulklassen kommen angereist, um sich mit der Goldwaschschüssel in der Hand in alte Goldgräberzeiten zu versetzen. Das Thüringer Flussgold soll einen Reinheitsgehalt von 87 Prozent haben.

42 20 02, €€€) bietet ein Hallenbad und ein Restaurant, in dem regionaltypische Küche serviert wird. *17 km von Saalfeld*

Saalburg **[122 C4]**
Die Brüder Grimm lassen grüßen! Im *Märchenwald* von Saalburg gibt es ein großes Hexenhaus, Streichelgehege, Seilbahn, Minicars und weitere Attraktionen. Die Gaststätte wartet mit Thüringer Küche auf. *Mitte März–Okt. tgl. 10–18 Uhr, Dombachgrund 1, €€.*

Wer sich die Fahrt traut: Die 600 m lange *Sommerrodelbahn* am Kulmberg bietet von *Ostern bis Okt. tgl.* Freizeitspaß für Jung und Alt *(www.saalburg.de). 58 km von Saalfeld*

Schaubergwerk Morassina **[121 F4]**
Vielfältig geformte Tropfsteine kann man sich in einem alten Alaunschieferbergwerk in Schmiedefeld anschauen (an der B 281). *Tgl. 9–16.30 Uhr, 18 km von Saalfeld*

Schleiz **[122 C4]**
Auf dem Liebfrauenberg außerhalb von Schleiz (9400 Ew.) steht die wunderschöne gotische *Bergkirche (Mai–Okt. Di–So 14–16 Uhr).* An einem Wochenende im August dröhnen auf dem 6,8 km langen Schleizer Dreieckskurs mit 22 Kurven die Motoren *(www.Schleizer-Dreieck.de).* Auf den sieben Tribünen an der ältesten Naturrennstrecke Deutschlands (1. Rennen am 10. Juni 1923) finden 20 000 Zuschauer Platz. *46 km von Saalfeld*

Schloss Burgk **[122 C4]**
Hoch über der Saale können prunkvolle Wohnräume des Barock, die fast 400 Jahre alte Küche mit einem 21,5 m hohen Kegelkamin und schließlich eine kleine Orgel des berühmten sächsischen Orgelbaumeisters Gottfried Silber-

mann in der Schlosskapelle bewundert werden. Auf der Orgel finden von Mai bis September Konzerte statt. Serenadenkonzerte auch im Rittersaal. Schloss Burgk diente den Fürsten Reuß älterer Linie als Sommer- und Jagdschloss. *(April–Okt. Di–So 10–17 Uhr, Nov.–März Di–Fr 10–16, Sa, So 12–17 Uhr)* Südöstlich vom Schloss steht das von einem Park umgebene *Sophienhaus*, ein schöner Musikpavillon. *39 km von Saalfeld*

Sonneberg **[121 F5]**

★ Das *Deutsche Spielzeugmuseum (Di–So 19–17 Uhr, Beethovenstr. 10)* lässt nicht nur Kinderherzen höher schlagen. Prunkstück dieses ältesten deutschen Spezialmuseums bildet die Schaugruppe »Thüringer Kirmes«, die 1910 auf der Weltausstellung in Brüssel einen Grand Prix bekam.

Zur Sternwarte auf dem 640 m hohen Erbisbühl bei Sonneberg (25 000 Ew.) gehört ein *Astronomiemuseum (Mo–Do 10–16, So 13–16 Uhr)*, zweimal tgl. finden Führungen durch die Sternwarte statt *(Tel. 03675/81 2 18, www.stw.tu-ilmenau.de)*. Das *Nautiland Schauaquarium (Marktplatz 2, Di–So 10–18 Uhr,* führt in die faszinierende Welt der Korallenriffe und ihrer Bewohner.

Im Stil der 20er-Jahre ist das *Restaurant Bügeleisen* eingerichtet, das neben regionaltypischen Spezialitäten kulinarische Delikatessen serviert *(Gustav-König-Str. 2, Tel. 03675/80 62 48, €€€)*. *49 km von Saalfeld*

Steinach **[121 F5]**

Am Fuß des Fellbergs steht eine skurrile Konstruktion aus Baumstämmen und Seilen: Thüringens einziger Hochseilgarten. In bis zu 14 m Höhe dürfen Sie klettern – jeden ersten Sonntag im Monat ab 9 Uhr unangemeldet, ansonsten müssen sich Gruppen (ab sechs Personen) anmelden, *Tel. 0700/77 00 77 11, www.roc-team.de.* Im *Schiefermuseum* von Steinach (6000 Ew.) sind eine nachgebildete Griffelmacherhütte und ein Griffelmacherstollen zu sehen *(Di–Sa 9–12, 13–17, So 14–17 Uhr)*. In Steinach entstanden 400 Jahre lang Schiefergriffel, die bis ins 20. Jh. hinein das billigste Schreibmaterial waren und wohl auf jedem Schulpult lagen.

In jüngster Zeit hat sich Steinach durch seine 3500 m lange »Skiarena Silbersattel« einen guten Ruf als Wintersportort erworben. *39 km von Saalfeld*

Wurzbach **[122 B5]**

Jeden zweiten und vierten Mittwoch im Monat um *13 Uhr* wird im Technischen Schaudenkmal »Gießerei Heinrichshütte« des Städtchens Wurzbach (2300 Ew.) zum Schaugießen geladen *(Besichtigungen Mo–Do 9.30–11.30, 13–14 Uhr, Fr 9.30–11.30 Uhr, Leutenberger Str. 44, www.heinrichshuette-wurzbach.de)*. *35 km von Saalfeld*

Ziegenrück **[122 B3]**

Das erste Wasserkraftwerk an der Saale wurde *Museum (Mai–Okt. Di–So 10–17 Uhr, Nov.–April Di–Fr 10–16 Uhr, Sa, So 13–16 Uhr)*. Die Technik von 1900, die bis 1965 der Stromerzeugung diente, blieb erhalten. Direkt am Wasser gelegen das *Hotel am Schlossberg (42 Zi., Paskaer Str. 1, Tel. 036483/750, Fax 751 50, €)*. *28 km von Saalfeld*

Das »R« und das »G« weisen den Weg

Die Touren sind in der Karte auf dem hinteren Umschlag und im Reiseatlas ab Seite 116 grün markiert

1 DEN BERÜHMTEN RENNSTEIG ENTLANG

Thüringens beliebtester und bekanntester Wanderweg verläuft auf dem Kamm des Thüringer Walds, des angrenzenden Thüringer Schiefergebirges bis in den nördlichen Frankenwald. Die klassische Rennsteig-Wanderung besteht aus sechs Tagesetappen, die meisten Besucher wandern nur Teile entlang. Hotels und Pensionen gibt es in Rennsteig-Nähe zahlreich. Der oft geröllhaltige, 168 km lange Weg, der festes Schuhwerk erfordert, ist mit einem weißen »R« gut markiert. Traditionell wird von West nach Ost gewandert.

1. Etappe: Von Hörschel zum Großen Inselsberg (32,7 km)

Hinterm Ortsausgang Hörschel erinnert ein 1991 gesetzter Stein an Julius von Pläncker, der 1830 für die erste durchgehende Rennsteig-Wanderung 43,5 Std. benötigte.

Rast im Berggasthof Ebertwiese auf der zweiten Etappe des 168 km langen Rennsteigs

Am *Vachaer Stein* vorbei wandernd erreichen Sie das 1483 gesetzte *Steinkreuz Wilde Sau.* Es ist der älteste mit einer Jahreszahl versehene Stein entlang des Wanderwegs. Durch den Wald weitergehend kommen Sie zur Hohen Sonne, von der sich Ihnen ein herrlicher *Blick auf die Wartburg* bietet. Der Rennsteig überquert hier die B 19, nach etwa zehn Kilometern passieren Sie das Straßendreieck *Glasbachswiese* (links nach Ruhla, rechts nach Bad Liebenstein, geradeaus nach Brotterode). Über den 729 m hohen Gerberstein geht es zur *Hirschbalzwiese* und von dort aufwärts zum *Großen Weißenberg* (747 m) mit dem Dreiherrenstein. Er ist einer der über 1000 Grenzsteine am Rennsteig, die an die deutsche Kleinstaaterei erinnern. Über den *Oberen Beerberg* (841 m) und den *Venetianerstein* (830 m) geht es hoch zum *Großen Inselsberg*, dem bekanntesten Thüringer Berg, der aber mit seinen 916 m in der Höhenskala erst auf Rang 7 auftaucht. Auf dem Gipfel laden zwei Gasthöfe zur Stärkung ein: *Berggasthof Stöhr (Tel. 036840/324 25, €)* und *Berggasthof Stadt Gotha (Tel. 036259/623 67, €).*

2. Etappe:
Vom Großen Inselsberg zum Oberhofer Rondell (31 km)

Vom Großen Inselsberg führt der Weg hinunter zur *Grenzwiese,* wo einst Sachsen-Gotha und die hessische Enklave Schmalkalden aneinander stießen. Über den *Großen* (814 m) und den *Kleinen Jagdberg* (722 m) sowie den *Glasberg* (760 m) wird die *Alte Ausspanne* erreicht, einst ein viel befahrener Weg.

Am *Grenzadler,* einem Grenzstein von 1866 mit preußischem Adler, führt der Rennsteig über die Straße Oberschönau–Oberhof. Am *Oberhofer Rondell* an der B 247 erinnert der Obelisk an den Bau der Straße Suhl–Gotha von 1830 bis 1832.

3. Etappe:
Vom Oberhofer Rondell nach Neustadt am Rennsteig (25 km)

240 m unter dem Berg *Brandleite* (879 m) zieht sich der 3038 m lange Brandleite-Tunnel entlang, der 1881–84 für die Eisenbahnstrecke Erfurt–Suhl–Meiningen in das Gebirgsmassiv geschlagen wurde. An *Pläntckers Aussicht,* der mit 973 m höchsten Stelle des gesamten Rennsteigs, sollten Sie sich bei gutem Wetter den herrlichen Blick nicht entgehen lassen. Hunger und Durst können Sie im Restaurant des *Waldhotels Schmücke (Tel. 036845/58 80, €)* stillen.

Am *Straßendreieck Schmiedefeld, Neustadt, Ilmenau* wurde ein Parkplatz eingerichtet. Der *Große Dreiherrenstein* an der südöstlichen Ecke des Parkplatzes steht seit 1596 hier. Über den *Großen Burgberg* (818 m) kommen Sie nach *Neustadt am Rennsteig.* Kurz vor dem Städtchen weist ein geschnitzter Wegweiser zur *Historischen Meilerstätte.*

Das weiße »R« führt den Wanderer

4. Etappe:
Von Neustadt am Rennsteig nach Limbach (21,5 km)

Über den *Ersteberg* (825 m) erreichen Sie den einzigen Aussichtsturm an der gesamten Wanderroute, die Rennsteig-Warte auf dem *Eselsberg* (841 m) bei Masserberg. Der kleine, 1846 gesetzte Dreiherrenstein auf *Hohen Heide* belegt noch heute, wo bis 1919 das Herzogtum Sachsen-Meiningen und die Fürstentümer Schwarzburg-Sondershausen und Schwarzburg-Rudolstadt aneinander grenzten. Nach zwei Kilometern ist *Limbach* erreicht. Der Rennsteig, erstmals 1330 als »Rynnestig« erwähnt, diente im Mittelalter als Kurierweg. Sein Name, so meinen die Forscher, gehe auf das Wort »rennen« zurück, weil man auf diesem Bergpfad schnell vorankam. Andere behaupten, »Rainweg«, also »Grenzweg«, laute der ursprüngliche Name des Waldwegs.

5. Etappe:
Von Limbach nach Steinbach am Wald (19,9 km)
Über den *Petersberg* (819 m) wandern Sie durch Wald zum *Sandberg* (828 m) und zum *Rollkopf* (849 m) bis nach *Neuhaus am Rennweg*. Im nahen *Ernstthal* endete zu DDR-Zeiten der Rennsteig, von dem nur 115 km begehbar waren, da beide Enden im DDR-Grenzgebiet verliefen und ein 14 km langer Teil durch bayerisches Gebiet führt. *Kalte Küche* (689 m) heißt die ehemalige Passstraße nach 129,5 km Gesamtwanderung, die Stelle gilt als Übergang des Thüringer Schiefergebirges in den nördlichen Frankenwald. Bei der *Schildwiese* (698 m) betreten Sie bayerischen Boden. Das Etappenziel *Steinbach am Wald* mit kleinen Pensionen liegt im Naturpark Frankenwald.

6. Etappe:
Von Steinbach am Wald nach Blankenstein (28,2 km)
Den *Schönwappenweg* zieren die vier prächtigsten Wappensteine der gesamten Wanderung. Es sind der Dreiwappenstein am Kießlich von 1717, der Grenzstein Thüringen/Bayern von 1935, der Große Bischofsstein von 1619 und als wohl schönster der Kurfürstenstein von 1513. Der Rennsteig überquert nun wieder die Landesgrenze zu Thüringen und führt durch *Brennersgrün* mit vielen schieferverkleideten Häusern sowie *Grumbach* nach *Rodacherbrunn*. Hier überquerte die alte Handelsstraße Nürnberg–Leipzig den Rennsteig. Auf der Höhe vor dem Dorf *Kießling* haben Sie das Ziel vor Augen: *Blankenstein* im Saale- und Selbitztal.

Einer der zahlreichen Wappengrenzsteine am Rennsteig

2 AUF GOETHES SPUREN WANDERN

Der 18 km lange Wanderweg von Ilmenau nach Stützerbach verbindet Stätten, an denen sich Goethe aufhielt, die in sein künstlerisches Werk Eingang fanden, wo er wohnte. Der 1970 eingerichtete Weg gilt neben dem Rennsteig als das zweite Wander-Highlight Thüringens. Gekennzeichnet ist er mit einem »G« auf kleinen hölzernen Scheiben oder an Bäumen – der von Goethe im Schriftverkehr verwendeten Abkürzung seines Namens. Die maximale Höhendifferenz beträgt 322 m, zu bewältigen sind drei Aufstiege von zusammen 650 m.

1. Etappe:
Von Ilmenau
nach Manebach (7,5 km)

Die Wanderung beginnt in Ilmenau am *Amtshaus,* Goethes langjähriger Wirkungsstätte. Achtundzwanzigmal hat Goethe als Staatsminister das kleine Bergstädtchen besucht, um dem Weimarer Hof durch den Bergbau volle Kassen und den »armen Maulwürfen«, den Bergleuten, Arbeit zu verschaffen.

Die Wanderung führt am Rathaus vorbei und durch die Obertorstraße zum Friedhof an der Erfurter Straße, auf dem die von Goethe verehrte Corona Schröter ihre Insider Tipp letzte Ruhestätte gefunden hat, die erste Darstellerin seiner Iphigenie. Das Grab der 1802 verstorbenen Schauspielerin, die nur 51 Jahre alt wurde, liegt gleich links hinter dem Eingang. Durch die Neue Marienstraße, die Straßen Zechenhaus und Sturmheide kommen Sie zum *Mittleren Berggraben.* Den ließ Goethe 1785 wieder in Stand setzen, damit Wasser zu den Schächten fließen konnte. Der Graben wurde in der zweiten Hälfte des 19. Jhs. aufgefüllt und zum Wanderweg umgestaltet.

Durch Mischwald wird der *Obere Berggraben* erreicht. Vorbei an der 1854 gefassten *Berthaquelle* gelangen Sie zum *Schwalbenstein,* einem steil aufragenden Porphyrfelsen, der wundervolle Ausblicke bietet. Am 19. März 1779 schrieb Goethe hier an »einem heiteren Tag, ruhigen Gemüts« in einem Zug den vierten Akt seiner »Iphigenie auf Tauris«. Es folgt die *Bornwiese* mit der sprudelnden *Marienquelle.* Wenige Meter nach Eintritt in den Hochwald erhebt sich links der *Emmastein,* dessen geologische Gestaltung Goethe sehr interessierte. Vom Emmastein geht es steil abwärts nach *Manebach* mit seinen zahlreichen schieferverkleideten Häusern. Im Dorf hat Goethe

Schutzhütte auf dem Felsen Schwalbenstein am Goethe-Wanderweg

Blick auf Manebach – hier beginnt die 2. Etappe des Wanderwegs

mehrfach beim Kantor gewohnt, im heutigen Haus *Goethestr. 13.* Im dahinter liegenden *Kantors Gärtchen* zeichnete er am 30. August 1777 den Manebacher Grund für Charlotte von Stein.

2. Etappe: Von Manebach nach Stützerbach (10,5 km)

Ein schmaler Pfad führt von Manebach hinauf zur *Helenen-Ruhe* mit schöner Aussicht auf Manebach. Wenn Sie durch den Wald weiterwandern, erreichen Sie den *Großen Hermannstein,* einen beliebten Aufenthaltsort des Dichterfürsten. Der Weg führt bergan zum *Kickelhahn* (861 m) mit der kleinen Jagdhütte, die stets »Goethehäuschen« genannt wird. 200 m weiter, auf dem Gipfel, bietet der 24 m hohe Aussichtsturm einen herrlichen Rundblick.

In 15 Minuten bergab erreichen Sie das zweigeschossige *Jagdhaus Gabelbach.* Der Weimarer Herzog hatte es zu Ehren seines Gastes, des Herzogs von Kurland, 1783 in aller Eile errichten lassen. Goethe hielt sich wiederholt in dem schlichten Holzbau auf. Der weitere Weg führt über die *Hirtenwiese* hinunter ins *Schortetal,* in dem sich mitten im Wald der *Knöpfelstaler Teich* versteckt, ein im 17. Jh. für den Bergbau angelegtes Staubecken. Das nahe *Finstere Loch,* eine enge Schlucht, hat Goethe 1783 mit seinem Gedicht »Ilmenau« in die Literatur eingeführt. Vorbei am *Waldgasthaus Auerhahn (Tel. 036784/502 14, €),* an der Straße Ilmenau–Neustadt, wandert man weiter zum *Stützerbacher Schlossberg* (715 m), und von dort zum *Goethehaus Sützerbach,* in dem der Dichterfürst 13-mal gewohnt hat.

Mit 75 km/h durch elf Kurven

Zahlreich sind die Angebote für aktive Betätigung

Thüringen ist als Wanderland bekannt. Wer es schneller mag, der steigt aufs Fahrrad, Mountainbikern eröffnen sich von anspruchsvollen Strecken beeindruckende Landschaftsbilder. Gemütlich dagegen sind Bootsfahrten auf Saale und Werra, Elster und Unstrut. Zur Palette des Sportangebots gehören auch Tennis, Sportschießen und Kegeln. Im Winter dann sind die Berge das Paradies für Skifahrer, Snowboarder und Rodler.

ANGELN

Thüringen gilt auch als Anglerparadies. Geangelt wird in den Talsperren Heyda, Schönbrunn, Ohra, Hohenfelden, Scheibe-Asbach, Engerda, Walsburg, im Hohenwarte- und Bleilochstausee, im Bergsee Ratscher sowie in der Werra und der Saale. Fangen kann man vor allem Aal, Hecht, Barsch und Karpfen. Die Hochenwartetalsperre ist berühmt für ihre Zanderfänge, doch die Bleichlochtalsperre steht ihr neuerdings kaum noch nach. Wie überall in Deutschland ist freier Fischfang nicht gestattet. Der Angler muss einen auf seinen Namen lautenden Fischereischein besitzen, mit dem er die Angelgenehmigung für das jeweilige Gewässer bekommt. *Auskunft: Regionale Tourismusverbände*

Thüringen baute sein Radwanderwegenetz großzügig aus

BADEN

In dem neuen, supermodernen Badetempel Toskana Therme in Bad Sulza baden die Gäste nicht nur im Wasser, sondern auch in Musik und Licht. Liquid Sound, flüssiger Klang (Insider Tipp) – so wird die Entspannung pur bezeichnet. *So–Do 10–22 Uhr, Fr, Sa bis 24 Uhr, bei Vollmondbaden (auch wenn er nicht scheint) bis 2 Uhr. Tel. 036461/910 80, www.liquid-sound.com* Neben der Toskana Therme gibt es in Thüringen noch neun Erlebnisbäder, beispielsweise in Mühlhausen im Norden und in Oberhof und Tabarz im Süden. Viele Ferienorte haben idyllisch gelegene Freibäder. Gebadet wird aber auch in Talsperren.

BOBFAHREN & RODELN

Aus Thüringen kommen Welt- und Europameister im Bobfahren. Wer den Nervenkitzel mag und auch wie ein Olympiasieger oder Weltmeister durch den Eiskanal jagen möchte, besucht die Oberhofer

Bob- und Rennrodelbahn. Von April/Mai bis Sept. fährt der Sommerbob auf Rädern mit einer Höchstgeschwindigkeit von Insider Tipp 75 km/h durch elf Kurven, ein erfahrener Pilot steuert das Gefährt. Von Okt. bis Feb. jagen die Bobs dann mit Pilot, Bremser und zwei Gästen durch den Eiskanal. *Auskunft: Gästebobteam Oberhof, Tel. 036842/225 20, www.Gaestebob.de/home.html*

Auch Ilmenau ist durch den Bob- und Rodelsport international bekannt. Auf der Rennschlittenbahn »Wolfram Fiedler« erleben Besucher im Sommer und Winter das faszinierende Gefühl, auf einer Rennschlittenbahn zu rodeln, auf der auch Spitzensportler trainieren. *Auskunft: Ilmenau-Information, Tel. 03677/20 23 58, www.Ilmenau.de*

GOLFEN

Golfanlagen gibt es in Mühlberg, Jena-Münchenroda, Erfurt, Eisenach und Tabarz. Die Golfschule in Mühlberg bietet Schnupperkurse, Grund- und Aufbaukurse sowie die Abnahme der Platzreife an. *Auskunft: Golfschule, Tel. 036256/17 40.*

RADFAHREN

Ein großzügiges Fern- und örtliches Radwanderwegenetz wurde in den letzten Jahren angelegt. Mancher der gut ausgeschilderten Wege, so der 520 km lange Saale-Radwanderweg, ist eher für sportliche Radfahrer und nicht für Familien mit kleinen Kindern geeignet. Das trifft auch auf den neuen Höhenradwanderweg Rennsteig zu, der mit 195 km sogar noch etwas länger als der berühmte Wanderweg ist. Wer das Extreme liebt, der nimmt an den Rennen im Erlebnisbergwerk in Sondershausen teil. Hier keuchen die Mountainbiker bei 25 bis 29 Grad, dazu gilt es Steigungen von 20 Prozent zu überwinden, und die rutschigen Wege durchs Salzreich unter Tage sind holprig. *Auskunft: Erlebnisbergwerk Sondershausen, Tel. 03632/65 52 80*

REITEN

Durch Wiesen, Felder und Wald zu reiten, das bereitet immer mehr Touristen Freude. Die Zahl der Reiterhöfe hat stark zugenommen, allein in Ostthüringen gibt es mehr als 40 Höfe, etwa die Hälfte davon haben eine Reithalle. Wer noch nie auf dem Rücken eines Pferdes saß, für den werden Schnupperkurse angeboten, für die Könner Gelände- und Wanderritte. In Thüringen einen Kremser oder eine Kutsche für die Fahrt durch das reizvolle Land zu mieten ist mittlerweile ebenso unkompliziert möglich wie eine Taxibestellung. Besonders erlebnisreich sind Pferdeschlittenfahrten im Winter. *Auskunft: Regionale Tourismusverbände*

SKIFAHREN

Thüringens Berge sind in der weißen Jahreszeit ein Paradies für Skifahrer. 1800 km Skiwanderwege und rund 300 km Loipen durchziehen die Höhen und Täler Thüringens. Beleuchtete Pisten gibt es u. a. in Oberhof, Ilmenau, Schmiedefeld, Steinbach-Hallenberg, Brotterode und Tabarz, Loipengärten (für Langlaufanfänger) in Ruhla, Brotterode, Fehrenbach, Heubach und

Skilanglauf im schneesicheren Gebiet bei Oberhof

Insider Tipp

Masserberg. Für Abfahrtsski beliebt ist neben Oberhof das kleine Steinach am Südwestrand des Thüringer Schiefergebirges mit seiner »Skiarena am Silbersattel«. Hier gibt es Doppelsessellift, zwei Schlepplifte, Beschneiungsanlage sowie Thüringens steilste Piste mit einer Neigung von 63 Prozent. *Alle Informationen rund um den Winterurlaub: Verband für Seilbahnen und Schlepplifte, Tel. 036870/533 99, www.aktiv-in-thueringen.de*

WANDERN

Das Markenzeichen von Thüringen sind Wald und Wandern. Allein im Thüringer Wald gibt es ein gut ausgeschildertes Wanderwegenetz von mehr als 6000 km. Wer unbeschwert dahinziehen möchte, der vertraut Rucksack und Gepäck dem Veranstalter an. Wandern ohne Gepäck ist individuell als auch in der Gruppe möglich. *Auskunft: Thüringen Tourismus Service Center, Tel. 0361/374 20*

WASSERSPORT

Rudern, paddeln, segeln, surfen, flößen, in Thüringen ist auf dem Wasser vieles möglich. Denn an Talsperren und Flüssen mangelt es dem Bundesland nicht. Ein Eldorado für Wassersportler sind der Bleiloch- und der Hohenwartestausee. Auf beiden dürfen auch Motorboote fahren, aber nicht zwischen 12 und 15 Uhr. Früher wurde auf der Saale und der Werra viel geflößt, jetzt werden touristische Touren angeboten. Wer es ein wenig abenteuerlich mag, der fährt Schlauchboot oder Kanu auf Saale, Werra, Unstrut oder Weißer Elster. Rafting (Wildwasserfahren einer Gruppe im Schlauchboot) ist auf der Unstrut bei Sömmerda möglich. *Auskunft: Thüringen Tourismus Service Center, Tel. 0361/374 20*

Ein Park voller Zwerge

Zahlreiche amüsante Vergnügungen erfreuen Kinderherzen

Nur mit den Eltern durch den Wald zu wandern wird mit der Zeit dem liebsten Kind zu viel. Einen Ausweg sehen viele im Hotelschwimmbad – sofern es das gibt. Denn da tollen die Kleinen gern stundenlang herum. Oder die Eltern schicken die Kinder auf einen der Abenteuerspielplätze, die in vielen Ferienorten vorhanden sind. Doch es gibt in Thüringen viel mehr, was Kinderherzen erfreut.

NORDTHÜRINGEN

Bären- und Wolfspark in Worbis [116 C2]

Meister Petz trottet durch die 4 ha große Freianlage mit Teichen, Mischwald und Höhlen. Er fühlt sich hier am Rand von Worbis wohl, wie auch das Rudel Wölfe. Bei den Bären handelt es sich um in Not geratene Tiere, beispielsweise wenn ein Zirkus aufgibt. Durch den Alternativen Bärenpark führt ein Gittertunnel, von dem aus die Bären und Wölfe in ihrer natürlichen Umgebung beobachtet werden. *April–Okt. tgl. 9–19 Uhr, Nov. bis März bis Einbruch der Dunkelheit, Eintritt 4,50 Euro, Kinder 2,50 Euro, www.baerenpark.de*

Ein Plätzchen Grün findet man überall – Fußballduell auf herrlicher Blumenwiese

Weltgrößtes Modellbahnzentrum in Wiehe [118 A3]

Über 120 Züge rattern auf den rund 10 km langen Gleisanlagen. In der einen Ausstellungshalle ist Thüringen im Maßstab 1:87 nachgebaut. Gezeigt wird das Land, wie es in den 60er- und 70er-Jahren des 20. Jhs. aussah, als noch Dampflokomotiven durch die Landschaft fauchten. In der zweiten Halle rollen die Harzquer- und die Brockenbahn durch den im Maßstab 1:22,5 nachgebauten Harz. Aber auch die ICE-Strecke Hamburg-Würzburg, die Eisenbahnen der USA von Ost nach West und manch anderes begeistert in einem der weltgrößten Modellbahnzentren Jung und Alt gleichermaßen. *Tgl. 9–18 Uhr, Eintritt 8,50 Euro, Kinder 4,50 Euro, www.movi-world.de*

LANDESMITTE

Freilichtmuseum Funkenburg bei Westgreußen [117 E4]

Manchmal gibt es frisch Gebackenes aus dem Tonofen. Es wird gesagt, man habe es zubereitet wie die Menschen vor 2000 Jahren. Doch ob es wirklich so schmeckt wie einst bei unseren Ururgroßmüttern, weiß niemand, denn Kochrezepte hat keine von ihnen hinterlassen. Der einfache Backofen jedoch soll eine fast originalgetreue Nachbildung sein. Wissenschaftler haben 2 km westlich von Greußen die Spuren von 60 Hütten, einem Backofen sowie einer Verteidigungsanlage entdeckt. Sie rekonstruierten vieles davon zum Freilichtmuseum Funkenburg, das das Leben und Wohnen unserer Vorfahren lebendig werden lässt. *April–Okt. Mo–Fr 9–15 Uhr, Sa, So 10–17 Uhr, Eintritt 2,50 Euro, Kinder 1,50 Euro*

THÜRINGER WALD

Miniaturenpark in Ruhla [120 C2]

Nur ein Katzensprung ist es von Goethes Gartenhaus in Weimar bis zum Lutherhaus in Eisenach: Im Miniaturenpark »mini-a-thür« laufen Sie mit Siebenmeilenstiefeln durch Thüringen. In der Anlage stehen die 30 bedeutendsten kunsthistorischen Bauwerke Thüringens. Alle wurden detailgetreu nachgebaut im Maßstab 1:25. Viel Geduld war erforderlich, so wurden beispielsweise für das Modell von Schloss Wilhelmsburg in Schmalkalden 64 000 Dachziegel verarbeitet. *Mitte April–Okt. tgl. 10–18 Uhr, Eintritt 4 Euro, Kinder 2 Euro, www.mini-a-thür.de*

Zwergenpark in Trusetal [120 C2]

Rund 1500 große und kleine Gartenzwerge hocken zwischen Holz, Wasser, Steinen und Blumen. Den besten Platz hat der 1,40 m große Zwerg Richard bekommen. Er wurde auf den 7 m hohen Kletterfelsen mit dem Namen »Alter Fritz« gesetzt. Wer zu ihm hoch möchte, darf sich ein Klettergeschirr ausleihen. Wer nicht mehr laufen kann, setzt sich in die kleine Bimmelbahn und lässt sich durch den 5000 m^2 großen Zwergenpark fahren. *Mitte April–Okt. tgl. 9.30–17 Uhr, Eintritt 3 Euro*

RHÖN UND WERRATAL

Märchenhöhle in Walldorf [120 C4]

Rotkäppchen und Frau Holle, Schneewittchen und Aschenputtel, aber auch die Bremer Stadtmusikanten und der Wolf und die sieben Geißlein sind in dem Sandsteingewölbe in Walldorf zu sehen. Insgesamt erfreuen in dem unterirdischen Labyrinth über 30 Märchenbilder Kinderherzen. Die Höhle, in der seit dem Mittelalter bis 1914 Sand gewonnen wurde, ist die größte ihrer Art in Europa. *März bis Nov. tgl. 9–17 Uhr (Juni–Aug. bis 18 Uhr), Eintritt 4 Euro, Kinder 2 Euro, www.thuringia-online.de*

Puppenmuseum in Vacha [120 A2]

Millionen Kinder im Osten Deutschlands sind mit Frau Elster, Pittiplatsch, Schnatterinchen und Herrn Fuchs schlafen gegangen, denn Jahrzehnte gehörten sie zur beliebten Sandmännchen-Sendung des DDR-Fernsehens. In einem mittelalterlichen Saal des Museums Burg Wendelstein haben sich die berühmten Figuren mit rund 2000 anderen Puppen zur Parade versammelt. Zu sehen sind auch Pup-

Insi Tip

Zahlreich sind die Bademöglichkeiten – hier der Bergsee an der Ebertwiese

pen aus zahlreichen anderen Ländern. *Di–Fr 10–17 Uhr, Sa, So, Feiertag 14–17 Uhr, Eintritt 1,50 Euro, Kinder 0,75 Euro, www.Museum-Vacha.de*

AN SAALE, ELSTER UND PLEISSE

Flugschau auf Burg Greifenstein [122 A3]

Adler, Kondor, Bussard und Falke ziehen majestätisch ihre Kreise hoch über der Burg nahe Bad Blankenburg, um plötzlich pfeilschnell auf den Handschuh des jungen Falkners herabzustürzen. Im Sturzflug erreichen die Vögel eine Geschwindigkeit von bis zu 300 km/h. Die Falknerei, ursprünglich zum Nahrungserwerb ausgeführt, war im Mittelalter ein Vergnügen des Adels, heute ist sie eins für die Touristen. Während der Darbietung des Adler- und Falkenhofs wird viel über die Lebens- und Verhaltensweise der Greifvögel erzählt. *April–Okt. Di–So 15 Uhr (für Gruppen und Schulklassen nach Voranmeldung auch 11 Uhr), Eintritt 4,50 Euro, Kinder 2,50 Euro*

Hallen-Gokart-Bahn in Saalfeld [122 A3]

Früh übt sich, wer ein Schumi werden möchte. Ungetrübten Fahrspaß für die ganze Familie – ohne Führerschein, Stau und Tempolimit – bieten die kleinen Flitzer mit ihren 6,5 oder (für Kinder ab 8 Jahren) 2,5 PS. Mit ihrer 520 m langen Bahn ist die voll klimatisierte Kartarena die größte und modernste Hallen-Gokart-Bahn in Thüringen. *Im Industriegebiet Beulwitz, Di–Do 17–23 Uhr, Fr 17–1 Uhr, Sa 14–2 Uhr, So 13–23 Uhr, Die 10-Minuten-Fahrt kostet im 6,5-PS-Kart 8 Euro, im 2,5-PS-Kart 6,50 Euro, www.kartarena-saalfeld.de*

Angesagt!

Was Sie wissen sollten über Trends, die Szene und Kuriositäten in Thüringen

Das Jawort im Märchendom
Besucher der Saalfelder Feengrotten staunen über Hochzeitsgesellschaften, die aus der Tiefe kommen: Sich unter Tage das Jawort zu geben ist der neueste Schrei bei Verliebten. Dezente Musik, warmer Kerzenschein und das Spiel der Lichtreflexe auf dem Märchendom und dem See davor

verzaubern den Augenblick. Mit Vorliebe wird in Thüringen auch auf rund zwei Dutzend Burgen und Schlössern geheiratet.

Jazz bis zum Umfallen
In Thüringen wird neuerdings gejazzt, was das Zeug hält. Zur Thüringer Jazzmeile im Herbst füllen zwei Monate lang bluesige und swingende Jazzer mit elektrisierenden Programmen die Kneipen, Clubs, Konzertsäle und Theater. Gejazzt wird aber das ganze Jahr über, Jena hat seinen Jazzfrühling und das Jazzfest, Saalfeld die Jazztage, Ranis sein Jazz und Lyrik, Arnstadt das Jazz-Weekend, Greiz das Jazzwerk, Ilmenau und Sonneberg internationale Jazztage. Für manchen reicht der Jahresurlaub kaum, um all die Highlights besuchen zu können.

Snowboarding-King gesucht
Die Mischung aus Skifahren und Surfen ist im Thüringer Wald trendy. Vor allem bei Einbruch der Dunkelheit trifft man sich an den Pisten, wo die Jungs vor den Augen der Mädchen die Hänge hinunterbrettern. Zum King avanciert, wer die spektakulärsten Sprünge und Tricks vollbringt.

Der Osten tickt anders
Die nach der Einheit aussortierten Ostprodukte werden wieder gekauft, Filinchen und Cabinett beispielsweise sind in, und kaum ein Restaurant, das die Soljanka nicht wieder serviert. Vor den DDR-Fernseh-Kultfiguren Schnatterinchen, Pittiplatsch und Frau Elster drängen sich im Museum in Vacha Eltern mit ihren Kindern, und wenn die einstigen DDR-Starbands Puhdys, City oder Elektra in Thüringen spielen, kommen Schulklassen geschlossen zum Konzert. Es ist Kult unter jungen Leuten, der Musik zu lauschen, mit der ihre Eltern groß geworden sind. Mittlerweile beschäftigen sich sogar Wissenschaftler mit dem Phänomen, das sie Ostalgie nennen.

Von Anreise bis Wetter

Hier finden Sie kurz gefasst die wichtigsten Adressen und Informationen für Ihre Thüringenreise

ANREISE

Auto

Die Autobahn A 4 verläuft in Ost-West-Richtung, die A 9 in Nord-Süd-Richtung. Von Niedersachsen (Braunschweig) und Bayern (Bamberg) führt die B 4 durch Thüringen, von Hessen (Kassel) und Sachsen (Rochlitz) die B 7, von Sachsen (Leipzig) und Bayern (Hof) die B 2. Die A 71 von Sangerhausen über Erfurt nach Schweinfurt befindet sich in Bau, einzelne Abschnitte sind bereits fertig gestellt, durchgängig soll sie ab 2008 befahrbar sein. Ebenfalls in Bau befindet sich die A 38 von Halle nach Göttingen, die 2005 durchgängig befahrbar sein soll.

Bahn

In Ost-West-Richtung erschließt die ICE-Linie Frankfurt/Main - Fulda - Leipzig - Dresden den Freistaat im Zwei-Stunden-Takt mit den ICE-Stationen Eisenach, Erfurt und Weimar. In Nord-Süd-Richtung durchquert die ICE-Linie (Hamburg-) Berlin-Leipzig-Nürnberg-München den Freistaat ebenfalls im Zwei-Stunden-Takt mit Halt in Jena und Saalfeld. IR-Verbindung im Zwei-Stunden-Takt nach Erfurt, Weimar und Eisenach besteht von Berlin über Halle und von Frankfurt/Main.

Flugzeug

Zum Flughafen Erfurt bestehen im innerdeutschen Liniennetz Verbindungen aus Berlin-Tempelhof, Dortmund, Düsseldorf, München, Hamburg und Köln/Bonn. In das etwa 5 km entfernte Stadtzentrum fahren die Busse der Linie 99.

AUSKUNFT

Die Tourist-Informationen und Kurverwaltungen der Städte und Ferienorte verschicken kostenlos Informationsmaterial. Meist liegt jedoch eine Zahlkarte mit der freundlichen Bitte bei, mit 1,50 bis 2,50 Euro einen kleinen Unkostenbeitrag zu leisten.

Auskünfte über das touristische Angebot des gesamten Freistaates Thüringen, Eintrittskarten sowie kostenlose Buchungen:

Service Center der Thüringer Tourismus GmbH
Weimarische Str. 45, 99099 Erfurt, Mo–Fr 9–20 Uhr, Sa, So 9–14 Uhr, Tel. 0361/374 20, Fax 374 23 88,

service@thueringen-tourismus.de, www.thueringen-tourismus.de

Über die einzelnen Reisegebiete informieren die Regionalverbände, die fast alle bereits eine eigene Website anbieten:

TV Nordthüringen e.V.
Markt 9, 99706 Sondershausen, Tel. 03632/78 81 11, Fax 60 03 82, sondershausen-info@t-online.de

RFV Thüringer Kernland
An der alten Post 2, 99947 Bad Langensalza, Tel. 03603/89 26 58, Fax 89 26 73, kernland@t-online.de, www.kernland.de

FV Thüringer Wald e.V.
August-Bebel-Str.16, PF 124, 98501 Suhl, Tel. 03681/394 50, Fax 72 21 79, info@thueringer-wald.com, www.thueringer-wald.com

TV Ostthüringen e.V.
Böttchergasse 11, 07545 Gera, Tel. 0365/831 01 26, Fax 290 02 51, tour-ost@t-online.de, www.tourismus-ostthueringen.de

GELD

In den Städten ist meist alles teurer als in den Gebirgsdörfern, bei den Übernachtungspreisen ebenso wie beim Essen. Fragen Sie nach günstigen Angeboten, beispielsweise bei Museen nach Familienkarten. Gängige Kreditkarten werden in den meisten Hotels und größeren Restaurants akzeptiert. Bankautomaten gibt es auch in den bedeutenden Ferienorten.

INTERNET

Interessante Websites: Übersicht über die Städte und Landkreise in

Thüringen: *www.meinestadt.de/thueringen;*

das aktuelle Thüringen-Wetter: *www.brotterode.de/wetter.htm;*

die Klassikerstätten: *www.weimar-klassik.de;*

Naturpark Thüringer Wald: *www.naturpark-thueringer-wald.de*

INTERNETCAFÉS

Internetanschluss in den Hotels ist noch selten, vor allem in den Ferienhotels. Wer seine E-Mails vom Laptop aus abfragen möchte: *Seniore Pi in Altenburg, Roßplan 14, Tel. 0700/88 80 02 22, info@seniorepi.de, www.seniorepi.de; Internet+Kaffee in Erfurt, Clara-Zetkin-Str. 40, Tel. 0361/34 99 00 00, TN@TNE.de, www.TNE.de; Internet-Treffpunkt Gera, Friedrich-Engels-Str. 9, Tel. 0365/800 91 95, info@geranet.de, www.geranet.de; Netzcafé in Gotha, Buttermarkt 5, Tel. 03621/21 94 97, info@netzcafe.net, www.netzcafe.net; City-Cyber-Café in Ilmenau, Kirchplatz 3, Tel. 03677/89 64 00, info@ccci.de, www.ccci.de*

JUGENDHERBERGEN

Wegen des unschlagbar niedrigen Preises sind Jugendherbergen bei jungen Leuten gefragt. Neben den unter den Ortsbeschreibungen empfohlenen Jugendherbergen gibt es in Thüringen noch weitere. Voraussetzung für das Übernachten ist der Besitz eines gültigen Ausweises des Deutschen Jugendherbergwerkes (DJH) für Junioren (bis 26 Jahre) oder Senioren (ab 27 Jahre). *Auskunft:*

Service-Center Weimar, Carl-August-Allee 13, 99423 Weimar, Tel. 03643/85 00 00, Fax 85 00 02, service@djh-thueringen.de, www.djh-thueringen.de

Was kostet wie viel?

Kurtaxe	**max. 1,20 Euro** pro Tag in der Hauptsaison
Museum	**etwa 3 Euro** kostet der Eintritt
Rad	**6–8 Euro** Miete für einen Tag
Rodeln	**1 Euro** die Einzelfahrt
Kaffee	**etwa 2.50 Euro** für ein Kännchen
Bier	**etwa 1,60 Euro** für 0,3 l vom Fass

KLIMA

Bedingt durch die verschiedenen Höhenlagen fällt das Klima in den einzelnen Landesteilen sehr unterschiedlich aus. Am Rennsteig bleibt die Temperatur auch im Hochsommer mit durchschnittlich 16–17 Grad angenehm. Schnee liegt hier an manchen Stellen bis in den Mai. Nördlich des Thüringer Walds herrscht mildes Klima mit nur mäßigen Temperaturschwanken, der Niederschlag ist im Vergleich zum Thüringer Wald geringer – ab und zu regnet es jedoch auch hier.

NOTRUFE

Feuerwehr, Rettungsdienst *Tel. 112;* Polizei *Tel. 110*

ÖFFNUNGSZEITEN

Wer bei den Restaurants sichergehen möchte, ob geöffnet ist, sollte sich telefonisch erkundigen. Kleinere Restaurants haben oftmals einen Ruhetag. Die Museen bleiben, wie international üblich, meist am Montag geschlossen. Der letzte Einlass ist oft eine Stunde vor der genannten Schließung. Die Türen der großen Kirchen in den Städten sind häufig stundenweise geöffnet, auf dem Land ist man im Pfarramt meist bereit, interessierten Gästen die Kirchentür zu öffnen. Die Geschäfte in kleineren Städten und auf dem Land haben häufig eine Mittagspause, die nicht einheitlich ist, samstags ist nicht überall geöffnet. Mancherorts bleibt das Geschäft auch Mittwoch Nachmittag zu.

PANNENHILFE

Pannennotruf des ADAC rund um die Uhr: *Tel. 01802/22 22 22*

SCHIFFSAUSFLÜGE

Fahrgastschiffe kreuzen auf dem Hohenwarte-Stausee und der Bleilochtalsperre. Getränke und Imbiss werden an Bord angeboten. Abfahrten von der Staumauer des Hohenwarte-Stausees und in Saalburg. *Auskunft: Fahrgastschifffahrt Hohenwarte, Tel. 036733/215 28, Fax 319 73, www.fahrgastschiffahrt-hohenwarte.de; Fahrgastschifffahrt Saalburg, Tel. 036647/222 50, Fax 239 67, www.saalburg.de.*

TELEFON & HANDY

In Thüringen besteht, wie in fast allen ostdeutschen Regionen, eins der modernsten Telefonnetze in Deutschland. In den reichlich vorhandenen öffentlichen Telefonzellen gibt es meist Kartentelefone, fast alle Hotelzimmer haben Telefon. Handybesitzer müssen – vor allem im Thüringer Wald – nur kleine Funklöcher beklagen.

Wetter in Thüringen

	Jan.	Feb.	März	April	Mai	Juni	Juli	Aug.	Sept.	Okt.	Nov.	Dez.
Tagestemperaturen in °C	2	3	8	14	19	22	24	24	20	14	8	4
Nachttemperaturen in °C	–3	–3	0	4	8	11	13	13	10	6	2	–1
Sonnenschein Std./Tag	2	3	5	6	7	8	7	6	6	3	2	1
Niederschlag Tage/Monat	17	15	13	14	13	13	14	13	12	14	16	15

Reiseatlas Thüringen

Die Seiteneinteilung für den Reiseatlas finden Sie auf dem hinteren Umschlag dieses Reiseführers

Kartenlegende Reiseatlas

Autobahn und autobahnähnliche Straße	Wittenburg 10	Motorway and dual carriageway
Autobahn und autobahnähnliche Straße in Bau mit Fertigstellungsdatum	Datum Date	Motorway and dual carriageway under construction, with provisional date of opening
Raststätte mit und ohne Übernachtungsmöglichkeit	R R	Service area with and without motel
Autohof · Tankstelle	A T	Truckstop · Filling station
Babywickelraum		Baby room
Anlagen mit Behinderten-WC	R R A T	WC for the disabled
Durchgangsstraße		Main road
Verbindungsstraße		Connecting road
Nebenstraße		Secondary road
Fernkilometrierung	153	Very long distances in km
Großkilometrierung	50	Long distances in km
Zwischenkilometrierung	8	Intermediary distances in km
Tunnel		Tunnel
Pass mit Höhen- und Steigungsangabe · Wintersperre	1180 XI-V 12%	Pass with height and gradient · Closure in winter
Bedeutende Steigungen		Important gradients
Fernverkehrsbahn		Main line railway
Autozug Terminal	München-Ost	Car-loading Terminal
Autofähre	F.	Car ferry
Kultur		**Culture**
Eine Reise wert	★★ KÖLN ★★ *Wartburg*	Worth a journey
Lohnt einen Umweg	★ **Guben** ★ *Sababurg*	Worth a detour
Landschaft		**Landscape**
Eine Reise wert	★★ **Ries** ★★ *Königsstuhl*	Worth a journey
Lohnt einen Umweg	★ Chiemsee ★ *Lemberg*	Worth a detour
Ausflüge & Touren		**Excursions & tours**
Landschaftlich schöne Strecke		Route with beautiful scenery
Nationalpark, Naturpark		National park, nature park
Sperrgebiet		Prohibited area
Aussichtspunkt		View
Kirche · Kirchenruine		Church · Church ruin
Kloster · Klosterruine		Monastery · Monastery ruin
Schloss, Burg · Schloss-, Burgruine		Palace, Castle · Palace or castle ruin
Denkmal · Wasserfall		Monument · Waterfall
Höhle · Ruinenstätte		Cave · Ruins
Campingplatz · Jugendherberge		Camp site · Youth hostel
Sonstiges Objekt		Other object
Verkehrsflughafen · Regionalflughafen		Airport · Regional airport

Northeim
Sudheim
Katlenburg-Lindau
Wulften
Hardegsen
Hattorf
Herzberg
Naturpark
Oder-stausee
Bad Lauterberg
Nörten-Hardenberg
Bils-hausen
Gieboldehausen
Scharzfeld
Barbis
Pöhlde
Bad Sa
Nieder-sachsen
Lenglern
Bovenden
Wollershausen
Rhumspringe
Ebergötzen
GÖ-Lutteranger
Bockeln-hagen
Brochthausen
Weißenborn-Lüderode
GÖTTINGEN
Duderstadt
Rosdorf
Benniehausen
Holungen
Nesselröden
Rein-hausen
Gleichen 429
Teistungen
Gleichen
Groß-bodunge
Bremke
Worbis
Breiten-worbis
Bleicher
Friedland
Freienhagen
Günterode
2004 Leinefelde
Schloss Berlepsch
Leinefelde
Sollste
Breitenworbis
Neu-Eichenberg
Hebenhausen
Leine
Heiligenstadt
Arens-hausen
Uder
Eichsfeld
Dün
Witzen-hausen
Naturpark Eichsfeld-Hainich-Werratal
Hüpstedt
Keula
Flinsberg
Mackenrode
Dingelstädt
Burg Gleichenstein
Küllstedt
Windeberg
Bad Sooden-Allendorf
Berkatal-Frankenhain
Meißner 750
Volkenro
Werra
Geismar
Kloster Zella
Meinhard-Grebendorf
Abterode
Mühl (Thü
Meißner-Germerode
Lengenfeld
Wanfried
Eigenrieden
Eschwege
Werratal
Wehretal
Wendehausen
Heyerode
Niederdorla
Oetmannshausen
Großburschla
Langula
Reichensachsen
Weißenborn
Treffurt
Waldkappel
Heldra
Nazza
Weberstedt
Schnellmannshausen
444 Totenkopf
Hainich
Nationalp
Wichmannshsn.
Netra
Ringgau-Grandenborn
Ifta
Creuzburg
Mihla
Crau
Sontra
Ulfen
Nesselröden
Cornberg
Burg
Hainich
Behringen
Herleshsn.
Nentershausen
Burg Tannenberg
Wommen
Eis. Mitte
Neukirchen
Eisenach-Ost
Hörschel
Großenlupnitz
Hessen
Lauchröden
Wutha-Farnroda
Gr. Hör. 484
Wildeck-Hönebach
Wildeck-Obersuhl
Gerstungen
Wartburg
Eisenach
Förtha
Rennsteig
Wutha
Berka
Thal
Hönebach
Dippach
Marksuhl
Etterwinden
Waltershs
Friedewald
Heringen (Werra)
Ruhla
Winterstein
Thüringer Wald
Heimboldshausen
Philippsthal
Schloß Altenstein
Großer Inselsberg 916
Friedri
Schenklengs-
5 km
Nesse
120

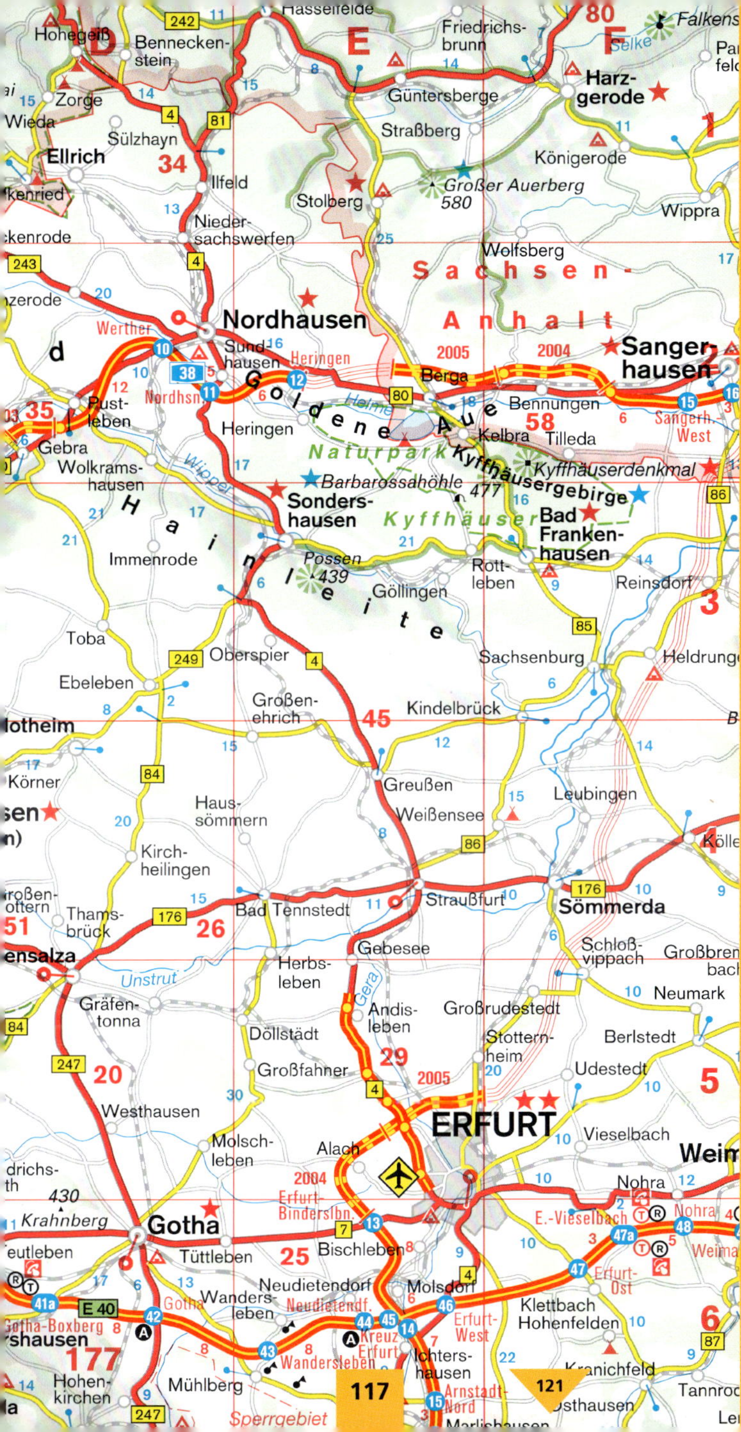
D
E
F
Hohegeiß
Benneckenstein
Hasselfelde
Friedrichsbrunn
Falkenstein
Selke
Zorge
Wieda
Sülzhayn
Güntersberge
Harzgerode
Ellrich
34
Straßberg
Königerode
Ilfeld
Stolberg
Großer Auerberg
580
Wippra
Niedersachswerfen
Wolfsberg
Sachsen-Anhalt
Nordhausen
Werther
Sundhausen
Heringen
2005
2004
Sangerhausen
Berga
Bennungen
Nordhsn.
Pustleben
Goldene Aue
Helme
Kelbra
58
Tilleda
Sangerh.-West
35
Gebra
Heringen
Naturpark Kyffhäuser
Kyffhäuserdenkmal
Wolkramshausen
Wipper
Barbarossahöhle
Kyffhäusergebirge
477
Sondershausen
Bad Frankenhausen
Hainleite
Immenrode
Possen
439
Göllingen
Rottleben
Reinsdorf
3
Toba
Oberspier
Sachsenburg
Heldrungen
Ebeleben
Großenehrich
45
Kindelbrück
Greußen
Körner
Leubingen
Haussömmern
Weißensee
Kirchheilingen
Straußfurt
Sömmerda
Bad Tennstedt
Thamsbrück
26
51
Gebesee
Schloßvippach
Großbrembach
Herbsleben
Unstrut
Gräfentonna
Gera
Andisleben
Großrudestedt
Neumark
Döllstädt
Stotternheim
Berlstedt
Großfahner
29
2005
Udestedt
5
20
Westhausen
ERFURT
Vieselbach
Molschleben
Alach
Weimar
2004
Erfurt-Bindersl.bn.
Nohra
430
Krahnberg
Gotha
E.-Vieselbach
Bischleben
25
Tüttleben
Erfurt-Ost
Neudietendorf
Molsdorf
Gotha
Wandersleben
Neudietendf.
Klettbach
Hohenfelden
Gotha-Boxberg
Erfurt-West
Kreuz Erfurt
177
Ichtershausen
Wandersleben
Kranichfeld
Hohenkirchen
Mühlberg
Arnstadt-Nord
Tannroda
Sperrgebiet
Osthausen
E 40
242
4
81
243
38
80
249
84
176
86
85
247
7
87
117
121

Falkenstein
Pansfelde
Hettstedt
Sandersleben
Gerbstedt
Könnern
Löbejün
Domnitz
Mansfeld
Siersleben
Friedeburg/Saale
Petersberg
Wettin
Halle(S.)
Polleben
Wippra
Klostermansfeld
Schwittersdorf
Saale
Lutherstadt Eisleben
Blankenheim
Süßer See
Salzmünde
Bennstedt
HALLE-NEUSTADT
Riestedt
Aseleben
Sangerhausen
Sangerh.-S
Rothenschirmbach
Röblingen
XII/2003
Teutschenthal
Schraplau
Sangerh.-West
Oberröblingen
Lutherstadt-Eisleben
Sachsen-Anhalt
Allstedt
Weida
Schafstädt
Bad Lauchstädt
Querfurt
Artern
Langeneichstädt
2003
Ziegelroda
Mücheln
Steigra
Roßleben
Unstrut
Heldrungen
Nebra
Braunsbedra
Burgscheidungen
Gleina
350 Buchberg
Wiehe
Memleben
Finne
Laucha
Freyburg
Lossa
Bachra
Saubach
Bad Bibra
Weißenfels
Goseck
Kölleda
Rastenberg
Naumburg
Olbersleben
Eckartsberga
Bad Kösen
Buttstädt
Großbrembach
Rudelsburg
Bad Sulza
Prießnitz
Neumark
Buttelstedt
Camburg
Osterfeld
Ilm
Wickerstedt
Schkölen
Niederroßla
Oßmannstedt
Apolda
Großobringen
Dornburg
Wetzdorf
Weimar
Umpferstedt
Kapellendorf
Eisenberg
Wasserburg
Isserstedt
Cospeda
Nohra
AB-Kirche Gelmeroda
Bürgel
Mellingen
Klosterkirche Thalbürgel
Bad Klosterlausnitz
Hermsdorf
Weimar
Apolda
JENA
Bad Berka
Magdala
Schöngleina
Stadtroda
Bucha
Jena-Lobeda
Hermsdorfer Kreuz
Blankenhain
Schorba
Jena-Göschwitz
Stadtroda
Hermsdorf-Süd
Tannroda
Kesslar
Lengefeld
Tröbnitz
A B C
1 3 5 6 31 83 96 87 70
38 4
80 86 180 242 250 176 85 7 87 88
Löbejün
Halle(S.)

122
118

Radegast
Zörbig
Wolfen
Gossa
Söllichau
Schwemsal
Bitterfeld
Ostrau
Löbnitz
Naturpark
Bad Düben
Roitzsch
Wellaune
Brachstedt
Halle(Saale)
Brehna
Dübener
Hohenprießnitz
Oppin
Delitzsch
Heide
Hohenthurm
Landsberg
Halle(S.)/Peißen
HALLE (SAALE)
Wiedemar
Zschortau
Krensitz
Pressen
Eilenburg
Halle(S.)-Ost
Zwochau
Krostitz
Kospa-
Gröbers
Rackwitz
Schkeuditz
L.-Nord
L.-Mitte
Schkeuditzer Kreuz
L.-Messegelände
Großkugel
Wiederitzsch
Taucha
Püchau
L.-Nordost
Gerichshain
Leipzig-West
Merseburg
LEIPZIG
Brandis
Leipzig-Ost
Leuna
Kleinpösna
Naunhof
Bad Dürrenberg
Markranstädt
Markkleeberg
Liebertwolkwitz
Klinga
Naunhof
Grimma
Lützen
Knautnaundorf
VII/2004
Pomßen
Zwenkau
Sachsen
Parthe
Kreuz Rippachtal
Lützen
Großgörschen
Weiße Elster
Otterwisch
Rötha
Kitzscher
Weißenfels
Pegau
Groitzsch
Neukieritzsch
Pleiße
Hohenmölsen
Borna
Bad Lausick
Profen
Teuchern
Lucka
Regis-Breitingen
Prießnitz
Meineweh
Könderitz
Frohburg
Zeitz
Treben
Meuselwitz
Rositz
Windischleuba
Gnandstein
Wetterzeube
Zechau
Altenburg
Langenleuba-Oberhain
Schellbach
Pölzig
Lumpzig
Klausa
Bad Köstritz
Gera
Schmölln
Gößnitz
Gera-Leumnitz
Waldenburg
GERA
Schmölln
Meerane
Ronneburg
Burg Posterstein
Gl.-West
Glauchau
5 km
Saara
Rückersdorf
Meerane

119
123

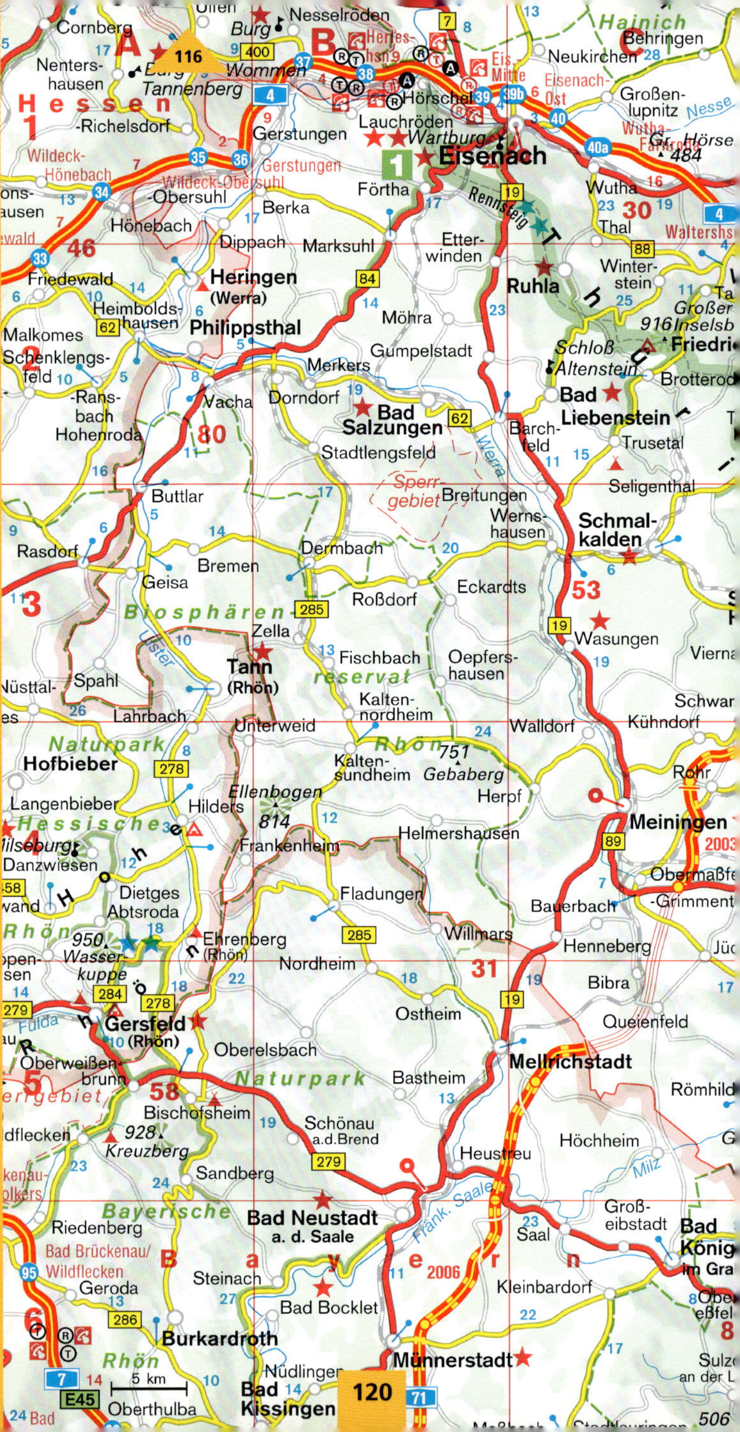
116
Cornberg
Nentershausen
Tannenberg
Hessen
Richelsdorf
Wildeck-Hönebach
Wildeck-Obersuhl
Obersuhl
Hönebach
Friedewald
Heimboldshausen
Malkomes
Schenklengsfeld
Ransbach
Hohenroda
Burg
Nesselröden
Herleshausen
Wommen
Gerstungen
Lauchröden
Hörschel
Eisenach-Mitte
Eisenach-Ost
Wartburg
Eisenach
Förtha
Berka
Dippach
Marksuhl
Heringen (Werra)
Philippsthal
Vacha
Dorndorf
Merkers
Bad Salzungen
Stadtlengsfeld
Möhra
Gumpelstadt
Etterwinden
Rennsteig
Ruhla
Thüringer Wald
Behringen
Hainich
Neukirchen
Großenlupnitz
Nesse
Wutha-Farnroda
Gr. Hörsel 484
Wutha
Thal
Waltershausen
Winterstein
Großer Inselsberg 916
Friedrichroda
Schloß Altenstein
Bad Liebenstein
Brotterode
Barchfeld
Trusetal
Seligenthal
Sperrgebiet
Breitungen
Wernshausen
Werra
Schmalkalden
Buttlar
Rasdorf
Geisa
Bremen
Dermbach
Roßdorf
Eckardts
Biosphärenreservat Rhön
Zella
Tann (Rhön)
Ulster
Spahl
Nüsttal
Lahrbach
Fischbach
Oepfershausen
Kaltennordheim
Wasungen
Vierna
Schwarza
Kühndorf
Walldorf
Unterweid
Kaltensundheim
751 Gebaberg
Herpf
Rohr
Meiningen
Naturpark Hessische Rhön
Hofbieber
Langenbieber
Hilders
Ellenbogen 814
Frankenheim
Helmershausen
Milseburg
Danzwiesen
Dietges
Abtsroda
Fladungen
Bauerbach
Obermaßfeld-Grimmenthal
Rhön
950 Wasserkuppe
Ehrenberg (Rhön)
Willmars
Henneberg
Nordheim
Bibra
Fulda
Gersfeld (Rhön)
Ostheim
Queienfeld
Oberelsbach
Oberweißenbrunn
Sperrgebiet
Bastheim
Mellrichstadt
Römhild
Naturpark Bayerische Rhön
Bischofsheim
Wildflecken
928 Kreuzberg
Schönau a.d.Brend
Höchheim
Riedenberg
Sandberg
Heustreu
Milz
Fränk. Saale
Bad Neustadt a. d. Saale
Großeibstadt
Saal
Bad Königshofen im Grabfeld
Bad Brückenau/Wildflecken
Geroda
Steinach
Bayern
Bad Bocklet
Kleinbardorf
Obereßfeld
Burkardroth
Münnerstadt
Nüdlingen
Bad Kissingen
Oberthulba
5 km
120
Sulzdorf an der Lederhecke
Stadtlauringen
Maßbach
506

117

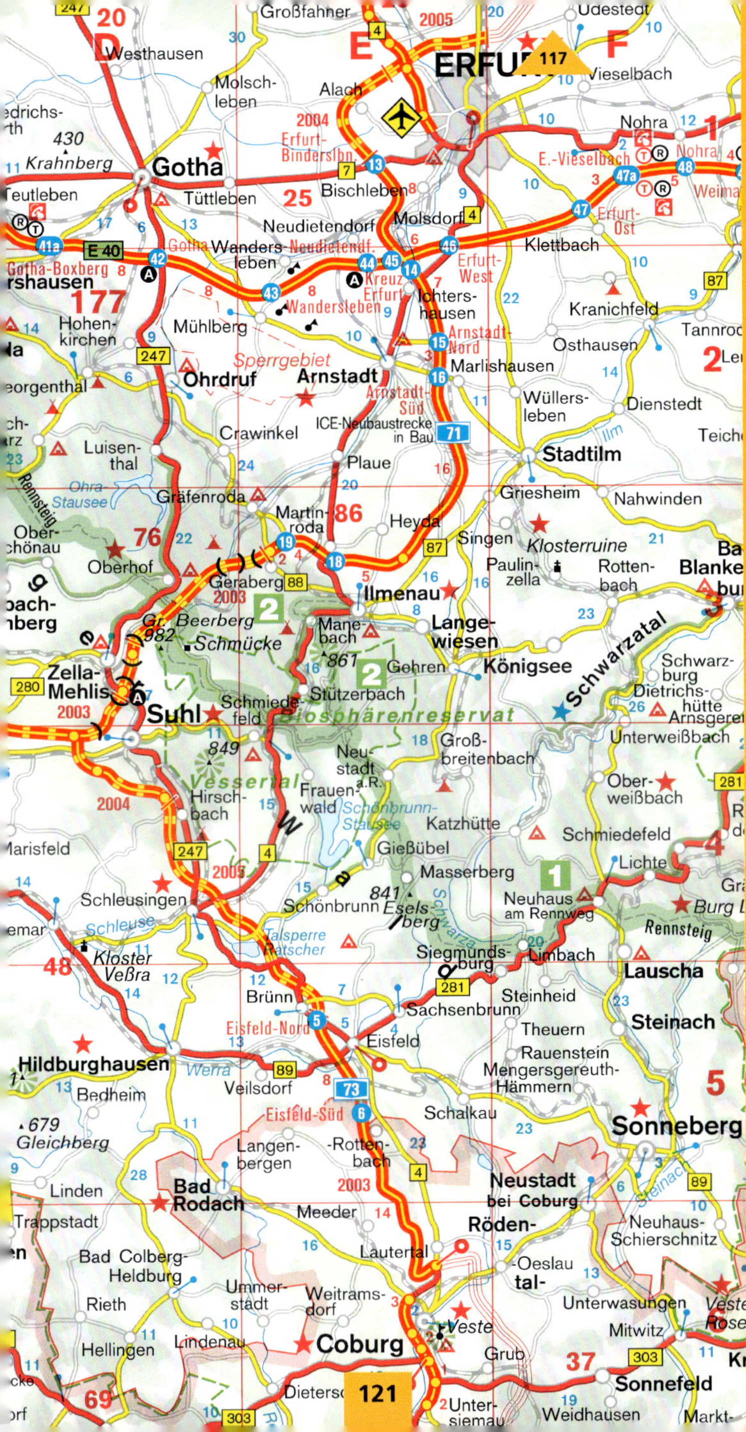
Großfahner
Udestedt
ERFURT
Vieselbach
Westhausen
Molsch-
leben
Alach
2004
Erfurt-
Bindersleben
Nohra
E.-Vieselbach
Gotha
Krahnberg
Teutleben
Tüttleben
Bischleben
Weimar
Erfurt-
Ost
Neudietendorf
Molsdorf
Gotha
Wanders-
leben
Neudietendorf
Klettbach
Gotha-Boxberg
E 40
Erfurt-
West
Kreuz
Erfurt
Ichters-
hausen
Wandersleben
Hohen-
kirchen
Mühlberg
Kranichfeld
Tannroda
Arnstadt-
Nord
Osthausen
Sperrgebiet
Ohrdruf
Arnstadt
Marlishausen
Arnstadt-
Süd
Wüllers-
leben
Dienstedt
ICE-Neubaustrecke
in Bau
Crawinkel
Luisen-
thal
Plaue
Stadtilm
Ilm
Teichel
Ohra-
Stausee
Rennsteig
Gräfenroda
Griesheim
Nahwinden
Martin-
roda
Heyda
Ober-
schönau
Oberhof
Singen
Klosterruine
Paulin-
zella
Rotten-
bach
Bad
Blankenburg
Geraberg
2003
Ilmenau
Lange-
wiesen
Gr. Beerberg
982
Schmücke
Mane-
bach
861
Gehren
Königsee
Schwarzatal
Schwarz-
burg
Dietrichs-
hütte
Zella-
Mehlis
2003
Suhl
Schmiede-
feld
Stützerbach
Biosphärenreservat
Arnsgereuth
Unterweißbach
849
Vesser
Vessertal
Neu-
stadt
a.R.
Groß-
breitenbach
Ober-
weißbach
Hirsch-
bach
2004
Frauen-
wald
Schönbrunn-
Stausee
Katzhütte
Schmiedefeld
Marisfeld
Gießübel
Masserberg
Lichte
2005
Schleusingen
Schönbrunn
841
Esels-
berg
Neuhaus
am Rennweg
Burg Lauenstein
Schleuse
Talsperre
Ratscher
Schwarza
Rennsteig
Kloster
Veßra
Siegmunds-
burg
Limbach
Lauscha
Brünn
Steinheid
Sachsenbrunn
Steinach
Eisfeld-Nord
Eisfeld
Theuern
Hildburghausen
Werra
Veilsdorf
Rauenstein
Mengersgereuth-
Hämmern
Bedheim
Eisfeld-Süd
Schalkau
679
Gleichberg
Langen-
bergen
-Rotten-
bach
Sonneberg
Linden
Bad
Rodach
2003
Neustadt
bei Coburg
Steinach
Trappstadt
Meeder
Röden-
Neuhaus-
Schierschnitz
Bad Colberg-
Heldburg
Lautertal
-Oeslau
tal-
Rieth
Ummer-
stadt
Weitrams-
dorf
Unterwasungen
Veste
Rosenberg
Veste
Mitwitz
Hellingen
Lindenau
Coburg
Grub
Sonnefeld
Dietersdorf
Unter-
siemau
Weidhausen
Markt-

Apolda
Oßmannstedt
Großobringen
118
Weimar
Umpferstedt
Kapellendorf
Wasserburg
Isserstedt
Cospeda
Dornburg
Wetzdorf
Eisenberg
Bürgel
AB-Kirche Gelmeroda
Nohra
Mellingen
Apolda
JENA
Jena-Lobeda
Schöngleina
Bad Klosterlausnitz
Hermsdorf-Kreuz
Hermsdorf-Süd
Stadtroda
Magdala
Bucha
Bad Berka
Blankenhain
Schorba
Jena-Göschwitz
Tannroda
Lengefeld
Kesslar
Reinstädt-Geunitz
Leuchtenburg
Tröbnitz
Ottendorf
Renthendorf
Kahla
Schloß Kochberg
Orlamünde
Teichel
Großkochberg
Rieseneck
Teichröda
Uhlstädt
Langenorla
Neustadt
Triptis
Rudolstadt
Oppurg
Bad Blankenburg
Schwarza
Krölpa
Pößneck
Ranis
Knau
Dittersdorf
Tegau
Unterwellenborn
Saalfeld
Kaulsdorf
Hohenwarte Stausee
Ziegenrück
Plothen
Naturpark
Unterloquitz
Saale
Schleiz
Drognitz
Burgk
Leutenberg
Reichmannsdorf
Thüringer Schiefergebirge
Probstzella
Remptendorf
Kulmberg
Gräfenthal
Burg Lauenstein
Ruppersdorf
Bleiloch-Stausee
Saalburg
Tanna
Lehesten
Ludwigsstadt
Ebersdorf
Obere Saale
186
Lobenstein
Tettau
Wurzbach
Wetzstein
Grumbach
Frössen
Steinbach am Wald
Rennsteig
Rudolphstein
Hirschberg
Teuschnitz
Blankenstein
Lichtenberg
Töpen
Tschirn
Berg
Bad Steben
Nordhalben
Berg/Bad Steben
Haßlach
Trinkwassertalsperre Mauthaus
Frankenwald
Pressig
Naila
Naila/Selbitz
Geroldsgrün
Dr. Bayer. Vogtland
Stockheim
Wilhelmsthal
Selbitz
Leupoldsgrün
Steinwiesen
Schauenstein
Rodach
Schwarzenbach a. Wald
Marktrodach
Veste Rosenberg
Konradsreuth
Wallenfels
Helmbrechts
Unterrodach
Kronach
Presseck
Münchberg-Nord
Münchberg
Rugendorf
Selbitz
122
70

119
123
GERA
Wetterzeube
Schellbach
Bad Köstritz
Pölzig
Lumpzig
Windischleuba
Altenburg
Langenleuba-Oberhain
Klausa
Gnandstein
Schmölln
Gößnitz
Waldenburg
Meerane
Ronneburg
Burg Posterstein
Crimmitschau
Glauchau
Saara
Rückersdorf
Wünschendorf
Neukirchen
Mosel
Lichtenstein
Weida
Berga
Seelingstädt
Werdau
ZWICKAU
Hohenölsen
Hohenleben
Teichwolframsdorf
Lichtentanne
Reinsdorf
Wilkau-Haßlau
Triebes
Greiz
Neumark
Wildenfels
Naitschau
Zeulenroda
Reichenbach
Kirchberg
Elsterberg
Dobia
Netzschkau
Hirschfeld
Schneeberg
Pausa
Obercrinitz
Lengenfeld
Zschorlau
Jocketa
Drachenhöhle
Talsperre Pöhl
Treuen
Rothenkirchen
Talsperre Eibenstock
Syrau
Rodewisch
Plauen
Tobertitz
Auerbach
Schönheide
Eibenstock
Bergen
Falkenstein
Grünbach
Naturpark
Morgenröthe
Vogtland
Sachsen
Weischlitz
Hammerbrücke
Carlsfeld
Erzgebirge
Pirk
Oelsnitz
Kiel
Bobenneukirchen
Schöneck
Klingenthal
Přebuz
Frühbuß
Triebel
Blosenberg
Kraslice
Graslitz
Posseck
Adorf
Erlbach
ČESKÁ
REPUBLIKA
Regnitzlosau
Hranice
Roßbach
Bad Elster
Markneukirchen
Jindřichovice
Heinrichsgrün
Luby
Schönbach
Háj
Aš
Asch
Bad Brambach
Rehau
Plesná
Fleißen
Krajková
Gossengrün
Schwarzenbach a.d. Saale
Schönwald
Sokolov
Falkenau
Skalná
Elstergebirge
5 km

In diesem Register sind alle in diesem Führer erwähnten Orte und Ausflugsziele verzeichnet. Halbfette Seitenzahlen verweisen auf den Haupteintrag, kursive auf ein Foto.

Schreiben Sie uns!

Liebe Leserin, lieber Leser,

wir setzen alles daran, Ihnen möglichst aktuelle Informationen mit auf die Reise zu geben. Dennoch schleichen sich manchmal Fehler ein – trotz gründlicher Recherche unserer Autoren/innen. Sie haben sicherlich Verständnis, dass der Verlag dafür keine Haftung übernehmen kann. Wir freuen uns aber, wenn Sie uns schreiben.

Senden Sie Ihre Post an die MARCO POLO Redaktion,
Mairs Geographischer Verlag, Postfach 31 51, 73751 Ostfildern,
marcopolo@mairs.de

Impressum

Titelbild: Wartburg, erster Hof (Transglobe: Schilgen)
Fotos: Autor (9, 108); Feldhoff & Martin (U l., 4, 5 l., 7, 25, 35, 36, 38, 43, 44, 104); J. Fischer (18); Fotostudio Böttcher (82); R. Freyer (U M., 1, 11, 15); HB Verlag: Bochow (61, 77, 79, 89, 100), Kiedrowski (2, 17, 26, 40, 53, 54, 57, 72, 98, 99, 103); F. Ihlow (U r., 6, 28, 46, 47, 64, 73, 84, 94, 96, 97, 107); G. Jung (22); H. Lange (5 r., 24); Mauritius: Kerth (20), Mehlig (59); A. M. Mosler (31, 32, 48, 74); Photo Press: Tonko (70); D. Renckhoff (27, 68); Schapowalow: Messerschmidt (12), Pratt-Priess (34); T. Stankiewiz (87); Transglobe: Schilgen (113); Transit: Hirth (16)

6., aktualisierte Auflage 2003 © Mairs Geographischer Verlag, Ostfildern
Herausgeber: Ferdinand Ranft, Chefredakteurin: Marion Zorn
Redaktion: Inge Jacobshagen, Bildredaktion: Gabriele Forst (Leitung), Katrin Schäflein
Kartografie Reiseatlas: © Mairs Geographischer Verlag/Falk Verlag, Ostfildern
Gestaltung: red.sign, Stuttgart

Printed in Germany. Gedruckt auf 100% chlorfrei gebleichtem Papier

Bloß nicht!

Einiges gibt es in Thüringen, was man tunlichst meiden sollte

Die Wartburg unvorbereitet besuchen

Meiden Sie in den Ferienzeiten den Besuch der Wartburg am späten Vormittag oder am Wochenende, denn da ist der Besucherstrom stark. Schuhe mit hohen Absätzen eignen sich weder für den Burgaufstieg noch für den Bummel durch die Burghöfe. Rauchen ist auf Deutschlands berühmtester Burg streng verboten.

Einbruchgefahr riskieren

Manche Gegenden Thüringens sind vom Bergbau unterhöhlt, was zu Geländesenkungen führen kann. Schilder mit der Aufschrift »Lebensgefahr« oder »Halt! Nicht weitergehen« warnen vor dem Betreten solcher Gebiete. Respektieren Sie auch die Verbotsschilder an Geröllhängen. Das Gestein kommt beim Betreten schnell ins Rutschen.

Mundarten verwechseln

Nördlich des Rennsteigs, im Bereich vom Großen Inselsberg bis zur Schwarzaquelle, wird die Sprechweise weich, das k zum g, das p zum b. Hüten Sie sich, das als Sächsisch zu bezeichnen, auch wenn es ähnlich klingt. Einen eigenen Thüringer Dialekt gibt es nicht, »in Düringe schwoatzt fast jeder anersd«. Beispielsweise sagt man im Norden Blümchen, im Süden Blümle.

Naturfrevel begehen

In den Naturschutzgebieten (und den Zonen I und II der beiden Biosphärenreservate und des Nationalparks) ist der Mensch Gast der Natur. Beeren, Pilze, Kräuter und Mineralien dürfen hier nicht gesammelt werden. Ärger gibt es, wenn Sie Tiere beunruhigen, die Wege verlassen oder die Wiesen betreten.

Regenschutz vergessen

Auch wenn anderswo in Thüringen die Sonne scheint – ein Regenschutz ist bei Wanderungen auf den Kammlagen unerlässlich. Nebel und Regen überraschen den Wanderer allzu oft. Wer das nicht glauben möchte, dem sei folgende Zahl genannt: Mit 1348 mm fällt im Jahresdurchschnitt auf dem Rennsteig bei Oberhof mehr als das Doppelte an Regen als in Eisenach.

Temperaturschwankungen unterschätzen

In den Naturhöhlen und vielen Schaubergwerken betragen die Temperaturen das ganze Jahr über meist nur neun Grad. Deshalb an warmen Sommertagen bloß nicht leicht bekleidet in die Tiefe steigen, Pullover oder Jacke sollten stets mitgeführt werden. Festes Schuhwerk ist ebenfalls erforderlich, denn die Wege sind nicht asphaltiert und oft rutschig.